# 中学受験で「合格する子」と「失敗する子」の習慣

The Power of Habit Makes You Pass the Entrance Exam

Effective strategies for success in studies for elementary school students

KAZUTAKA HANDA
繁田 和貴

# はじめに

「もっと早く相談していたら、こんなに大変な思いをせずにすんだのに……」

溜息まじりに後悔の気持ちを吐露するお母さん。

本当に、大変だったと思います。

一度心が折れてから、よく立ち直ってくれました。

「なんで1年前に、先生に相談しなかったんだろう」

これは2月某日、受験生親子が中学受験後のご挨拶にきてくれたときのワンシーンです。

今、この「はじめに」を、今年の中学受験を振り返りながら書いています。

今年も塾生たちは、それぞれの夢に向かって一生懸命に頑張り、素晴らしい結果を出してくれました。合格の報告を聞くたびに幸せな気持ちになれるのはこの仕事の醍醐味です。子どもたちの頑張りが形になったことが嬉しく、思わず涙を流すこともあります。

でも毎年、百パーセント悔いがないということにはなりません。

塾の人間としてどうなんだと思われるかもしれませんが、受験をした結果、不合格になってしまうのは仕方のないことです。定員があるわけなので。

ただ、仕方のない不合格と、何とかできたはずの不合格があると思っていて、後者についてはやっぱり何とかしたい。それがこの仕事に携わるものとしての当然の想いです。

実は、先程の親子の中学受験は、本当に厳しい展開になりました。

当初予定していた第一志望校を変更し、合格の可能性の高い学校へと切り替えて挑んだ2月1日午前の入試に不合格、受かると思っていた2月1日午後もまさかの不合格。さらに追い打ちをかけるように、2月2日午前、午後も不合格。たったの2日間で、4つもの

×を突きつけられることとなったのです。

2日の夜、お母さんから不合格の報告とともにＬＩＮＥにあった言葉。それは、「もうどの学校を受験しても無理です。このまま受験を終えようと思います」というものでした。

反射的に電話をし、ＬＩＮＥもしました。でも出てくれない。既読にもならない。お母さん、それは心も折れますよね……

でもここで逃げたらおそらく心に深い傷が残る。逃げちゃダメ、逃げちゃダメなんだ……

幸いだったのが、2月3日を完全にあけることによって本人の気持ちが回復し、もう一度戦う気持ちになったことです。3日の午後には本人とも電話ができ、最後まで戦い抜こうと約束をしました。少しでも気持ちが盛り上がるよう、3日の夜には特別対策授業もしました。すっかり気持ちは立て直り、さらなる戦いへ。子どもって本当に逞しい。

そして……

不屈の頑張りの甲斐あって、4日、5日と見事に連勝！　感極まって泣きながら電話してくる生徒の声に私も思わず涙。本人も気に入っている第二志望の学校に進学することになったのです。

結果的にはハッピーエンドになってよかった。

でも、なんでこんなに追い詰められなければならなかったんだろう。みんなでこんなに胃の痛い思いをする必要はあったんだろうか。

うちの塾に入塾したのは、小6の12月。

「なんで1年前に、先生に相談しなかったんだろう」

塾選びという極めて難しい選択に悩むお母さんの気持ちを想像すると、胸が苦しい。塾の知名度不足は、私の力不足のせいでもある。ならばせめて、正しい知識だけでも、早く、手軽に知ってもらいたい。この本は、そういう想いで書きました。

中学受験はあくまで子どもの人生におけるひとつの選択肢。

うまくやれれば得られるものはとても大きいですが、扱い方を間違えると親子の言い争いの種となり、恐ろしいストレスがかかり、子どもの自己肯定感を下げることにもなりかねません。それはあまりにももったいない。変な後悔はしてほしくない。

どうせやるなら、心から「中学受験をしてよかった」と言えるような中学受験をしてもらうことが使命だと思っています。

そのためには、陥りがちな罠にハマらぬよう、正しい考え方や行動をする知識が必要です。そうすれば結果によらず納得感のある中学受験ができる。もちろん合格は最高の形です。ただ、**中学受験に不合格はあっても、本来は「失敗」なんてない**はずなんです。

本書には、私の考える中学受験において大切だと思う要素を、どこからでも読める形で、かつ読み疲れしないように4ページ1トピックの形にしてあります。

手に取ってくださった皆さんに、今日から使える気付きをたくさん得ていただければ大変嬉しく思います。

すべての親子が、無駄に苦しむことのない、幸せな中学受験ができることを願って――

# 第1章

## 姿勢、マインド編

# 第2章 成績を伸ばす勉強法 編

# 第3章 整理編

## 第4章 生活編

## 第5章 本番編

第6章

# 5点アップの勉強術編

終章　これからに向けて

中学受験で成功する子は頑張りを一生に活かし、
失敗する子は努力は報われないと絶望する。

226

ブックデザイン：菊池　祐

Special Thanks：小形雄大
中村充光
石川知一
中島眞也
相澤大輔
園部志歩
髙橋俊哉
大舘国士
菅浪瑛子
大野春香

# 第1章
# 姿勢、マインド
# 編

# 01 中学受験で合格する子は「合格する」と言い、失敗する子は「合格したい」と言う。

目標を掲げるときには**「〇〇したい」ではなく「〇〇する」という言葉**で書くようにしましょう。

「〇〇したい」というのは願望です。「〇〇中学に合格したい」という目標を書いたり、口にしたりする子は、心の中で「受かったらいいなぁ」「願いが叶ったら、嬉しいなぁ」と考えています。もちろん、憧れの中学校に進学することを夢見て、「〇〇中学に行けたらいいなぁ」と願望を口にすることは、とてもいいことです。親としても嬉しい限りですよね。お子さんが小3や小4であれば、「そうねぇ、行けたらいいわねぇ」と思わずギュッとしてあげたくもなります。

でも、もしこのやり取りが小6の、受験前日のものだとしたら、あまりに弱いですよね。

実際に、志望校に合格した子の多くは「〇〇中学に合格する」という目標を掲げていました。「〇〇する」というのは**意志**、そして**予定**です。日頃の生活態度や模試の結果が伴わなくて、「その自信はいったいどこから来るの？」と聞きたくなっても、ぜひ強い意志の表れに共感して、「親としても最大限のサポートをするから一緒に頑張っていこう」と背中を押してあげればいいと思います。

多くの成功事例を目の当たりにしていますが、志望校に合格するご家庭では、このような声かけをするチャンスを大切にしています。

さて、ここでひとつ、「〇〇したい」と「〇〇する」の後ろに「ために……」をつなげてみましょう。

「志望校に合格したい」の後ろに「ために……」はつながりません。ということは、願望は「〇〇したい」で完結しているとも言えます。

一方で「志望校に合格する」の後ろには「志望校に合格するために……」とつながります。この「……」には志望校に合格するという**目標を達成するために必要な具体的行動や覚悟**が続きますね。

つまり、**「○○したい」ではなく、「○○する」という目標を掲げると、実現するためには具体的にどう行動すればいいのか考える**ことになるのです。

大リーグで大活躍している大谷翔平選手。オープンウィンドウ64※と呼ばれる目標達成シートの真ん中に掲げた目標は、**「ドラ1、8球団」**でした。「ドラフト1位指名を8球団から受ける」という目標を達成するためにはどうすればいいのか。8つの課題を挙げ、その課題をクリアするためにさらに細かく8つずつの行動を挙げています。そのひとつがゴミ拾いだったわけですが、大谷選手の素晴らしい人間性は、このゴミ拾いを日々継続したことでも育まれたのではないかと思います。

目標を掲げることも大切ですが、それだけではなく、その目標を達成するためにはどうすればいいのか、具体的な行動にまで落とし込むことが重要なのですね。だから「ために……」につながるように目標を掲げる方が効果的なのです。

さらに、この違いは何度も繰り返し思い起こすことによって大きな差となります。子どもたちは日常生活の中で、自然とこうした言葉を頭の中で繰り返し思い出していますから、知らないうちに大きな差が生じている可能性があります。

「合格したい」と「合格する」を繰り返し唱えて、印象の違いを体感してみてください。

「合格したい」「合格したい」「合格したい」「合格したい」「合格したい」……。

どうでしょう。願いは願いのまま、むしろ繰り返すたびに、願いを実現することが困難なものに感じられ、遠のいていくような感じさえも受けませんか。そうなのです。願望というのは繰り返すと願望であることが濃くなるために、実現可能性が低くなっていくような感じを受けます。

「合格する」「合格する」「合格する」「合格する」「合格する」……。

こちらは繰り返し自分を奮い立たせるような感じ。宣言。覚悟。強い意志を感じるという方が多いのではないでしょうか。

言葉の力は絶大です。お子さんと目標を立てる際にはぜひ「〇〇する」というフレーズを使い、目標に向かって強い意志で突き進んでいきましょう。

Parents

## 親は言葉の力を理解し、言葉選びを大切にしよう！

※教育者の原田隆史氏が提唱する「原田メソッド」における目標達成のための具体的行動を洗い出すシート。

# 02 中学受験で合格する子はしなやかマインド、失敗する子は硬直マインド。

突然ですが少し考えてみてください。お子さんにこんな質問をしたとします。

「あなたがルールを守らなくて、お父さんやお母さんに叱られたときのことを思い出してください。なぜあなたを叱ったのだと思いますか？」

お子さんはなんと答えるでしょうか？

また、親としてはなんと答えてほしいですか？

子どもの回答でありがちなのは「ぼくが（私が）悪い子だったから」といったものです。でも実は、この答えには問題が潜んでいます。こうした回答の裏には、発達心理学の権威であるキャロル・ドゥエック博士の言う「硬直マインドセット」が隠れているからです。

人の知的能力や人となりは変わらないものなのか？

それとも磨いて伸ばせるものなのか？

どちらと思うかによって、その子の成長、そして人生に、大きな開きが出てきます。

前者のように、知能も人となりも一定で変化しないという考え方を、ドゥエックは「**硬直マインドセット**」と呼んでいます。一方、後者のように、努力次第で伸ばすことができるという考え方を「**しなやかマインドセット**」と呼んでいます。

この考え方の違いは、行動の違いとなって現れます。

もし知能や人となりが固定的で変化しないとしたら、それがもし「ダメ」なものだった場合は悲しいですよね。そんなことは自分でも思いたくないし、人からも思われたくないわけです。そうなると、なんとかして自分の有能さを示さなければいけなくなります。失敗しそうなチャレンジは避け、自分にできる・自分が勝てる勝負だけをやるようになります。ただそれでは、あまり成長につながらなそうですよね。

一方で、**持って生まれた才能は一人ひとり違っても、努力と経験を重ねることで誰でも大きく伸ばしていくことができる**と考えていたとしたら、現在の能力を示すことにこだわる必要はなくなります。何事も前向きに受け止めて成長の糧にすることができるのです。

**子どもにはぜひ「しなやかマインドセット」を持ってもらいたい**ものですよね。

さて、普段の声かけを振り返ってみましょう。

子どもを褒めるとき、叱るとき、励ますとき、どんな言葉を選んでいるでしょうか？

「そんなに速く正確に計算できるなんて、頭がいい子だな！」

「すごいね！　あまり練習していないのに、もうこんなに漢字を読めるなんて」

こうした言葉の裏にひそむメッセージを、子どもたちはゆがんだ形で受け取ってしまう可能性があります。

・速く正確に計算できないと頭がよくないんだ

・練習しない方がいい。そうじゃないとすごいと思ってもらえない

すると、「素早く完璧にできれば賢いと思われるなら、難しいことには手を出すまい」と思うようになります。硬直マインドセットのでき上がりです。能力や人格に対しての評価は、プラスの評価であれマイナスの評価であれ、硬直マインドセットへとつながっていきます。

そうならないよう、子どもに伝えるのであればこうした言葉を選びましょう。

「速く正確に解けるようになったんだね。いつも一生懸命に練習していたからだね」

「まだあまり練習していない漢字がこんなに読めるのか。どうやって覚えたの？　何か工夫をしたなら教えてくれる？」

つまり、**努力ややり方の工夫といった行動に注目するような声かけ**をするのです。

改めて冒頭の質問に戻りましょう。

「あなたがルールを守らなくて、お父さんやお母さんに叱られたときのことを思い出してください。なぜあなたを叱ったのだと思いますか？」

「悪いことをしたから直そうとして」といった、行動に注目したしなやかマインドセットの答えだと望ましいですね。ぜひお子さんには日頃からしなやかマインドセットを育むようなメッセージを伝えるよう心がけてください。

Parents

## 結果を褒める際は「行動・努力の結果」として褒めよう！

# 03 中学受験で合格する子はポポポジティブな言葉で話し、失敗する子は否定的な言葉を刷り込まれる。

中学受験に向けて勉強している生徒と本音で話してみると、想像以上にネガティブ思考がクセになっていることが多いのに驚きます。

「ポジティブ心理学」の多くの研究によると、ポジティブ思考でいること、楽観的であることによって、人は思考や行動の幅を広げてクリエイティビティを向上させることができるそうです。これは、勉強においても同じことが言えます。**できなかったことよりも、できるようになったことに目を向けることで、できなかったことは今後の目標として、ポジティブに消化されていきます。**

受験勉強をしていると、どうしても「弱点克服」や「間違い直し」などの勉強が多く、「できないこと」に目を向ける機会が多くなります。ここで捉え方を間違えると、ネガティブ思考に陥り、自信がなくなり、モチベーションも下がってしまいます。

しかし、「ここところは難しくてできなかった。でも今回は、以前全く書けなかった記述式問題が書けた！」というように、以前はできなかったことの中から進歩したポイントを探し、前向きに捉えることができると、気持ちは上向き、成長も加速します。ポジティブ思考の生徒が逆転合格していくのを、私は何度も見てきました。

それではどのようにして、お子さんがポジティブ思考になるようにサポートしていけばいいでしょうか。

ポイントは、親からの声かけです。

算数の解答用紙を見て、大問1の計算でミスがあったとします。確かめ算をしていれば防げたように思える計算ミスを見ると、親としてはもったいないなぁと気になってしまいますよね。ここで同じことを伝える2通りのメッセージを比較してみましょう。

「ちゃんと見直ししていたら、あと5点取れたね」（ポジティブ思考）

「ちゃんと見直ししないから、いい点取れないんでしょ」（ネガティブ思考）

伝えたいことは同じなのに、後者には「ない」という否定語が2回使われています。

これは伝え方のクセのようなものですが、思っているよりも子どもたちの考え方、ものごとの捉え方に刷り込まれてしまいます。

成長期の子どもたちの感受性は大人の10倍とも言われています。親が表情を曇らせると、子どもは親が思っている10倍落胆する、親が怒鳴ると、子どもは10倍恐ろしく感じている、と考えてみてください。

子どもたちと話していると、親に言われたセリフをよく再現してくれます。

「日頃から整理整頓ができてないから、間違っていることに気が付かないんだよ」

机の上がぐちゃぐちゃ、ノートの取り方が乱雑、それが単純なミスと何らかの関係があると感じられて仕方がない。気持ちはわかります。でも言葉にするのを6秒待って、考えてみてほしいのです。**その声かけをして、いい効果が本当にあるのか。**

再現セリフを聞いていると、子どもたちのポジティブ思考、ネガティブ思考は親から刷り込まれたものなのではないかと思えてきます。子どもの**「ネガティブ思考」は、実は親のクセでもある**のです。日頃気がつかないうちに使ってしまっている否定語を、まずは親御さん自身が取り除いてみましょう。

さらに否定的なイメージのことばも使わない工夫が、ポジティブ思考を育むためには大切です。先ほどのセリフの「間違っている」も、「できるようになる」のような言葉で伝えられますよね。

「そんなことまで気にして話さなければいけないの？」と思ったあなた。その考え方がネガティブ思考です！　ポジティブに捉えて、「そうか。そこにヒントがあるのか。否定語を使わないで声をかけてみよう！」と実際にやってみる方もいらっしゃるわけです。

ポジティブの上、**ポポジティブ**に考えて「お母さんもう否定的なことは言わないね！言ったら教えて！　絶対言わないから！」と明るく宣言してしまいましょう。さらにその上、**ポポポジティブ**に考えれば、「『否定語』言わないチャレンジ！　言ったら罰ゲームね！」と、ポジティブ思考でゲームを楽しめばいいですよね（笑）

今まで険悪になっていたシチュエーションを、少しでもお子さんも親御さんも笑顔になれる時間に変えることができるのなら、何事もポジティブに捉えてみてもいいのではないでしょうか。

Parents

## ポジティブな思考は親のポジティブな言葉から！

# 04

# 中学受験で

## 合格する子は志望校を見て決め、

## 失敗する子は志望校を名前で決める。

「百聞は一見にしかず」という言葉があります。

子どもに実際に志望校を見せて、入学してからのイメージをわかせ、実際に「行きたい」という気持ちにさせることは、受験勉強のモチベーションにもつながります。

逆に志望校を「有名だから」とか、「偏差値が高いから」という理由で決めたはいいが、実際に見に行ってみたもののいまいちピンと来ない。そんな状況では、入学してから苦労する可能性もあります。

そもそも、子どもの「行きたい」という強い気持ちがないと、ここぞというところで踏ん張りがきかず、合格に結び付きません。

志望校を決める際に大事なことは、**子どもの「行きたい」気持ちを第一に考える**ことです。でも、子どもが自分で学校を調べて志望校を決めることは難しいでしょう。実際には親が主導して志望校を選んでいく必要があります。

その際に気をつけるべきことは何でしょうか。

志望校選びの基準のひとつに偏差値がまず挙げられます。

とはいえ、偏差値だけで決めてしまうのは、子どもにとっていい選択ではありません。まずは実際に学校に足を運んでみて、**その学校の雰囲気を直に感じる**ことが大事です。子どもだけでなく、親にとっても実際に見てみることはプラスになるでしょう。

さらに、**志望校選びにおいて何を重要視するか家族内で話し合う**ことも重要です。お母さんとお父さんで意見が分かれることもあるかもしれません。

**大学附属**の学校か、**校風**はどうか、**進学実績**はどうか……

もろもろの条件を踏まえた上で何を重要視するのか、さまざまな視野で学校を選ぶことが大切です。

もし、何を優先すべきか迷ったときには、子どもの意見を第一に考えましょう。実際にその学校に通うのは親ではなく、お子さんであることを忘れてはいけません。子どもの行きたい気持ちを尊重しないと、「親が勝手に選んだ」という思いが受験勉強の妨げになってしまう可能性もあります。

親だけで判断するのが難しい場合は、塾や学校の先生に相談するのもいいですね。また、学校によっては学校説明会の際に個別相談を設けているところもあります。個別相談会は子どもも質問ができ、子どもと親双方にとっていい機会となります。これらを積極的に活用していくのはどうでしょうか。

志望校選びのポイントについて重要な点をきちんとおさえておきましょう。

・実際に学校を訪れてみること
・偏差値などで親が一方的に志望校を決めないこと
・個別相談会などを積極的に活用すること
・子どもの行きたい気持ちを第一に考えること

第一志望校が固まってきたら、次に考えなくてはいけないことは併願校選びです。**併願校は第一志望校を軸に**選んでいきましょう。

第一志望校と同じくらいの偏差値の学校からそれより下の偏差値帯の学校まで、幅広くリストアップできるといいですね。詳しくは第5章でも説明します。受験の時期や、試験の内容なども考慮して選ぶことが重要です。

そして併願校であっても、なるべくその学校に一度は足を運んでおいてください。

第一志望校に受かる人は3分の1と言われています。そのため併願校であっても実際に通う可能性を想定しておかなくてはいけません。

併願校を選ぶ際には合格を取るということも重要になってきます。**確実に合格できる安全圏の学校**まで含めて、バランス良く選ぶようにしてください。

Parents

## 子どもと一緒に学校を見て志望校を決めよう！

## 05 中学受験で

# 合格する子は失敗を自分のせいにし、失敗する子は失敗の原因を周りになすりつける。

お子さんは、何かに失敗したりうまくいかなかったりした際に、どんな発言をしていますか？　人や環境のせいにする発言をしていませんか？

もしそのように、「ものごとの原因は自分ではなく周りにある」と考えるようであれば、その思考回路は切り替えるように働きかけたいところです。

中学受験は、お子さんの人生における初めての大きな挑戦と言ってもいいでしょう。初めて勉強する未知の分野。初めて受けた模試で返ってきた酷い点数。初めての膨大な課題。初めての細かいスケジュール管理。初めての伸びない成績という壁。

それらを乗り越え合格を手にするには、何事もすべての原因は自分にあると考え、行動を改善しようとする意識が必要になります。

合格する子は、模試の点が悪かったときに、「ちゃんと復習ができていなかった」「前日遅くまで起きてしまって頭が回らなかった」と自分の中に原因を見付け、次回に向けて行動を改善します。

一方、失敗する子は、「試験会場が悪かった」「後ろに座っていた人がうるさかった」「出題のされ方が意地悪だった」などと言い訳をして、原因を周りになすりつけようとします。こういった他責の考えは成長につながらず、また同じ失敗を繰り返すことになり、残念ながら合格を遠ざけてしまうのです。

お子さんがそのような思考回路に陥らないよう、親がしてはいけないNG行動がありま す。それは、むやみに転塾を繰り返したり、次々と教材を買い与えたりすることです。

受験勉強は長期戦です。暗記科目である社会や理科は、努力がすぐに得点に反映されることも多いですが、国語や算数はなかなか得点が伸びず水平線であることもしばしば起こります。そんな伸び悩みの時期にもあきらめずに粛々と勉強を続けることで、急激に得点が伸びる瞬間が訪れるのです。

それなのに、すぐにあきらめて「この塾の指導法が合ってないんだ」「きっと今使っている教材が悪いんだ」と環境ばかりを変えていては、伸びるものも伸びません。

転塾を繰り返すと、転校生がクラスに馴染めないのと同様の精神的なストレスもかかります。また、むやみやたらに教材を与えると、内容が被ったり抜けが発生したりと、学習効率での無駄も発生しやすくなります。**やると決めた一冊をボロボロになるまで解いて完璧にする方が結果的にうまくいく**場合は多いものです。一度選択した決断を信じてがんばりましょう。

成長を阻害する他責思考を排除するには、「計算を解くスピードが遅い」「まだうまくアウトプットができていない」といった**自分の中にある改善ポイントを、子ども自らが見付けられると効果的です。**

ただ、最初から子ども一人で考えるのは難しいので、慣れるまでは親から適切に問いかけをしてあげるといいでしょう。

「今回のテストが悪かったのは、何が原因だろう?」

「次回のテストでもっといい点を取るためにはどうしたらいいだろう?」

こうした問いかけを繰り返すうちにやがて自ら考え、改善できるようになるはずです。

勉強もスポーツも、すぐに結果は出ません。失敗の原因を考え、改善する。そのサイクルを繰り返して成長していくのです。

とはいえ、もし通塾時間が長すぎて着く頃にはヘトヘトといったような、いかんとも改善しがたい事情がある場合には、我慢せずに転塾や環境を変えることも検討しましょう。

受験勉強に限らず、他責ではなく自責で考える思考回路を身につけておくことは、自立した大人になるための第一歩とも言えます。大人でも原因を自分の中にあると認めず、他人や環境のせいにしている人には、重要な仕事を任せづらいもの。他責思考は自らチャンスや運を手放すことになりかねない危険な思考だと言えます。

「他人と過去は変えられないが、自分と未来は変えられる」という有名な言葉があります。受験勉強で自責思考の大切さに早くから気付くことができれば、合格以上に価値のあることかもしれませんね。

Parents

## むやみに環境を変えず、子どもが自責で考えられるようなサポートを！

# 06 中学受験で合格する子はミスをしたと疑い、失敗する子は「大丈夫、平気、普通」と信じる。

模試を受験した生徒に手ごたえを聞くのは、塾ではよくある光景です。その際、二つ返事で「今日の試験は簡単だったよ。今まで一番できていると思う！」という返答があると、こちらの頭には不安がよぎるものです。

「具体的にはどの問題ができているの？」とさらに聞いてみると、「計算問題は全問正解していると思う！」と返ってきて、「それはきちんと答え合わせしたのかい？」と念押しすると、「していないけど、解けたから大丈夫！」と言われる。そうなると私の不安はいよいよ深くなっていくわけです。

こうした受け答えは「子どもが自分の出した答えに対して、どこまで正解を追求しているのか」を示唆しています。「正答に対するこだわり」と言ってもいいかもしれません。

これはテストだけに限らず、日頃の宿題に対する取り組みにおいても、とても大切なものです。

ここでお子さんの宿題を解いているときの頭の中がどうなっているか考えてみましょう。

まず、宿題は「単にやればいい」と思っている場合。

この手のタイプは、宿題に着手するのが遅い傾向があります。「次の日でいいや」と後回しにし、気がつけば「宿題をやる時間がない」という状況に追い込まれて、とりあえず解くだけは解いて、一応宿題を終える……このときには「出した答えはおそらく合っているだろう」という希望的観測が頭の中を占めています。時間がないからちゃんと確認しない（できない）わけです。

次に、宿題は「きちんと正解したい」と思っている場合です。

このタイプの子は、正解を導き出したいので、まずはしっかりと時間をかけるはず。また、導き出した答えに対して、それが本当に合っているのかどうかを確認する（検算する）慎重さも持っているはずです。こちらの方が成果につながりそうですよね。

合格したいなら、ミスに対する考え方を正すことが重要です。

お子さんによっては、「そもそも、人間は誰でもミスをするのだから仕方ない」と最初から割り切っている場合があります。確かにミスは発生するものですが、努力によって限りなくゼロに近づけることは可能です。

話が少しそれますが、テストでまぐれ当たりを喜ぶお子さんは、ミスを減らそうという努力をしないものです。自分の努力や意識から得られるものよりも、偶然に得られたものに価値を見出すからです。まるで宝くじのようです。

まぐれ当たりについては、今回たまたま合っていただけで、次回また同じような問題で当たるかどうかはわからないもの。これを機にしっかりと解き方を確認するという謙虚な姿勢がほしいところです。

お子さんの問題に向き合う姿勢の根底には、合格をつかみ取るにはどうしたらいいのかという意識の有無もうかがえます。

合格はまさに自分の力でつかみ取るものであり、そのためにはあらゆるミスを最小限に抑えることが必要です。そしてテストのときだけ都合良く模範的な行動をとれることはまずありません。日頃からどんな問題に対しても、慎重に問題文を読み、問われていることを確認し、指定された形式に沿って正しい答えを記すことが習慣化されて、初めてテストでも同じような行動がとれるのです。

**大丈夫・平気・普通**といったお馴染みの言葉。

私はこれらの言葉が発せられたときに常に警戒しています。

意地悪な見方かもしれませんが、これらは希望的観測、もしくはそれすらなく、何も考えていない状況においてよく出てくる言葉だからです。

自分の実力に対して上限を設けずに、**まだまだ自分には改善点があると謙虚な気持ちを持って勉強に向き合う**姿勢こそが、最終的に合格をつかみ取るための大きな力となるのです。

Parents

## 常に疑い慎重に解き進める姿勢の大切さを伝えよう！

# 07 中学受験で 合格する子は相談して質問し、失敗する子は自分ひとりで考える。

相談するのは、意外と難しいものです。

そもそも相談相手がいなければなりませんし、相談相手との**信頼関係**も必要です。そして、何かできないことを相談するというのは、**自分ができないことがわかっている**ということでもあります。

何も考えずに「わからない、わからない」と言っているように思えるお子さんは、自分の状況を言葉でうまく説明するのが難しいだけかもしれません。

そんなときにどうしたらいいのか、もっと言えばそれを誰に相談すれば解決できるのか、教えてあげることも大切です。

子どもにとって一番身近な相談相手はやはり親ですから、親御さんは子どもたちの相談を快く受け止めて、まずは話に乗ってあげましょう。

「自分で考えなさい！」が本当のところは、「今忙しいからごめん！」であったことはありませんか？　またなんでもすぐに他人に頼るようでは大人になってから困る、一人で考える時間が必要だ、という意見もわかります。

しかしながら、お子さんの立場になって考えると、相談をするのは非常に勇気のいる行動です。一人では解決困難なことを、不安とともに相談してくるのです。安心して相談できる環境にしてあげることや、相談の仕方を教えてあげることも大切だと思うのです。

どうして相談できないのかという問題に関しては、富山大学教育学部の研究結果が参考になります。

授業中に質問ができない生徒たちにアンケートを実施したところ、「生徒が質問をしない」＝「相談ができない」理由にはいくつか因子があり、「他者の存在」が最も影響力を持っているそうです。

「他者の存在」とは「質問するのに勇気がいるから」「目立つのはイヤだから」「恥ずかしいから」に代表されるものです。つまり他人の目です。

私たちの塾に入会したばかりのある男の子は、お父さんが算数の質問に答える曜日と時間帯を決めているご家庭のお子さんでした。質問して解決することが習慣となっていたおかげで、教室で担当講師にも教室長にも質問ができ、成績もすぐに上昇しました。一方で、なかなか質問ができないお子さんの成績上昇には時間がかかる傾向があります。

そこで私たちの塾では質問の仕方を教え、「先生、今質問してもいいですか？」と言えるように注力しています。

ファミリーレストランの受付に置いてあるようなチャイム（呼び鈴）を教室に置いておいて、自習のときにそれを鳴らすと先生が来てくれる、なんて工夫もします。子どもたちはおもしろがりしょっちゅう鳴らします（笑）。でも付き合います。ダッシュで登場したり、「何か御用ですかご主人様」とふざけてみたり。笑顔で登場します。ジーニー（アラジンに登場するランプの精）のように願いを叶えます。そうして質問しやすい環境、信頼関係を構築していくのです。

大丈夫。子どもたちは割とすぐに飽きます（笑）。そして、問題を解決したあと、「質問できて偉かったね」と一言、質問したという行動自体を褒めるようにします。

質問ができると、重要な相談もできるようになります。

塾では成績の伸び悩みや具体的な勉強方法、志望校選択についての相談が多いと思われがちですが、おそらくあなたが想像する以上に親子関係に関するものも多いです。また、学校でのいじめの問題や不登校について、友人関係や言われて傷ついた言葉についてなど、言いづらいことまで打ち明けてくれるようになると、私たちもなんとか支えになりたいと力が入ります。

声をかけるという行動そのものに感じるハードルの高さは、人それぞれですよね。声をかけることに抵抗を感じるという新入社員には、その成長の過程で声をかけるタイミングを間違うとんでもないことになるという経験があったりします。子どもたちはあっという間に大きく成長し、18歳で成人します。社会に出る前に質問や相談の有用性を理解しているかどうかで、仕事の成果も変わってくるでしょう。

そう考えると、小学生の段階で、親以外にも質問できる相手がいることや、誰かに相談して問題を解決できることは、とても素晴らしいことだと思います。

Parents

## まずは親が相談しやすい雰囲気を作るところから！

# 08 中学受験で合格する子は失敗する子はやる気に頼らず、やる気が湧くのを待つ。

「うちの子、やる気がないんです」

以前、私たちの塾で説明会を実施した際に募集した質問で、最も多く寄せられたのが、子どものやる気に関するお悩みでした。

「6年生なのに受験生としての自覚がない」

「勉強に取りかかるまでの時間が長い」などなど。

子どものやる気で悩む親には共通点があって、「やる気が出る↓勉強に取り組む」という順序が前提になっています。

でも、この順序は半分正解で半分不正解です。

仕事や家事を例に考えてみるとわかりやすいですが、いずれも、**必ずしもやる気が出て**

**から取り組んでいるわけではない**はずです。「今日も仕事か」と出勤前は憂鬱な気分でも、いざ出勤してメールチェックから取りかかると、そのあとも次々に業務を片付けられたり、「買い物に行くの面倒だな」と出発するまでは腰が重くても、いざスーパーで食材を眺めているうちに、献立を考えるのに夢中になっていたりする経験はありませんか。

要するに、**やり始めると次第に気分が乗ってくる**のです。勉強も同じで、やる気が出てからやるのではなく、やり始めると案外集中できたり捗ったりするもの。やる気が出なくても、とりあえず机の前に座る、テキストを開く。これらの行動ができる子はやはり成績も伸びます。

ところで、私たち大人にとって仕事や家事は「生きていく上で、やらなければいけないこと」なので、やる気の有無にかかわらず、やり始めることができますが、小学生の受験勉強は違います。中学受験は、生きていく上で絶対に必要なものではありませんし、子どもにとって勉強とは「やりたくないもの」である場合がほとんどです。

そんな一見ネガティブな要素ばかりの受験勉強に前向きに取り組むようにするには、**子どもの「やってみよう」という気持ちを引き出す**ことが大切です。

その効果的な方法を2つご紹介します。

**① 手数を減らす**

人は、必要なアクションの回数が少ないほどその行動が増え、逆に回数が多くなるとその行動が少なくなるという性質があります。個包装でないクッキーと個包装されたクッキーとでは、同じ枚数でも前者の方が1箱を早く完食するといった研究結果もあります。だから「勉強」を増やしたければ、**勉強に取りかかるための手数が減るように**してあげましょう。

たとえば、**机の上に勉強道具を並べてあげたり、復習すべき問題に付箋をつけておいてあげたり**といったサポートをするのです。勉強の準備を親がやるのは「甘やかし」のように感じられるかもしれません。でも、小学校高学年になってもテキスト・ノートの管理が苦手な子は多いですし、自分が間違えた問題をきっちり把握して自ら復習できる子はそういません。

思い返せば、私自身が中学受験生でサピックスに通っていた頃、母に教材の整理や復習すべき問題の管理など、いろいろとサポートしてもらっていた気がします。今思うと、確かにそれは勉強に集中するための大きな力になっていたと感じます。

## ②成長を可視化する

多くの子にとって「成長が感じられる」ことは「やって良かった」という感覚につながります。たとえば、以前はできなかったけれど今はできるようになっている単元を見付けて褒めてあげる。あるいは、ちょっとした頑張りでもそれをちゃんと認めてあげる。こうした親の働きかけは、多くの子にとってやりがいになるものです。

できていないところを探して注意したくなる気持ちをグッとこらえて、できているところにフォーカスして褒めるようにすると、子どもはやりがいを持って取り組むようになっていきます。

「何かハードルになっていることはないか」
「以前と比べて変化や成長はないか」
そんな視点を持ってお子さんを観察してみてくださいね。きっと「やってみよう」を引き出すことができるはずです。

Parents

# 親は「やってみよう」を引き出すアプローチを！

# 09 中学受験で 合格する子は人のために勉強し、失敗する子は自分のために勉強する。

勉強するのは将来の自分のためだと子どもに説明する親は意外に多くいます。でも、いろいろな生徒を見ていると、**知りたいからという欲求を満たすこと自体が勉強の目的**になっている生徒や、**人のため、社会のためという目標を持って勉強**している生徒の成績の方がよく伸びると感じます。

自分のために勉強するという説明では、心の支えとなるものや、心を奮い立たせる存在が自分だけで弱いのかもしれません。将来の自分に対して、現在の自分が妥協してしまうのがいかにたやすいことなのか、私たちはよく知っています。何かあったときにすぐに挫けてしまいがちです。わかりやすい例を挙げるとすれば、ダイエットでしょうか。

しかし、自分を社会や人間関係の一部として捉えて、誰かのためになること、誰かを喜ばせることを目標にすれば、「誰かが自分を待っている」「自分を応援してくれている」という気持ちが生まれて、大きな支えと原動力を得ることができるはずです。

私たちの塾では、受験というひとつの大きな試練をクリアする過程において、「受験勉強で終わらない一生モノの人間力」を身につけてもらうことを目標としています。それを実現するために、目的意識を持ち目標に向かって頑張る力を育てることを教育理念に掲げています。この目的意識・目標が、人のため、社会のためであることが、一生モノの人間力につながるのではないか、とも考えています。

その第一歩として、「お母さんのために頑張る」「お父さんのために頑張る」という目的意識を認めてあげよう、と提案したいと思います。

子どもたちはお母さんやお父さんが喜んでくれる方がいいわけです。喜ばせたいわけです。これはとても純粋で素晴らしいことではないでしょうか。

中学受験では、志望校を子ども自身が決められないことがよくあります。その際によくよく話を聞いてみると、「親が本当はどこの中学校に入ってほしいと思っているのか」ということがわからなくなって、決められないことが多いのです。

「この子には、〇〇中に行ってほしい」

「でも今の学力だと、□□中が妥当かな……」

親自身が悩んで決断できないままに「あなたはどうしたいの？」とお子さんに丸投げしてしまっていませんか？

子どもたちはこの質問には、正解がないことを経験で知っているようです。ちょっとませた女の子が、「地雷」と呼んでいました。

最終的には親の、わが子の表情を観察する力が試されているのだと思っています。

ほとんどの場合、正解は子どもの顔に書いてあります。笑顔になる方が正解です。もしお子さんが、お母さん、お父さんを喜ばせるために勉強して、両親が喜んでいる姿を見て笑顔になっていたら、こんなに幸せなことはありません。ですから「ママはどっちの中学に行ってほしいの？」と聞かれたときには、正直に気持ちを伝えればいいだけです。

最後に2つの例を紹介したいと思います。これは私たちの塾で講師を務めてくれていた学生に、なぜ学んでいるのかと質問したときの答えです。

一人は小学生の頃、お祖父さんとした虫捕りの経験から生物が好きになり、現在は魚が水流に逆らって泳ぐなどの行動は、遺伝子情報によるものか、環境に適応して獲得するものかを突き止めたいというものでした。

もう一人は幼い頃広島県で土石流という災害を経験したことで、それが発生するメカニズムを解明し、将来は地元に戻って研究の成果を安全な街づくりに活かしたいというものでした。

この二人だけでなく、同じ質問に対する答えには、いくつか共通するポイントがありました。将来選択する学問、研究、職業は、多くの場合、低年齢の頃の経験がもとになっています。そして、知りたいから、という知的欲求を満たすために研究を続けていたり、人のため、社会のため、という形で自分の外に目的意識を持っていたりします。

子どもたちだけでなく、私たち大人も同じではないでしょうか。どうやら人間というのは、やりたくないことをやるより、やりたいことをやるし、自分のためよりも、他人のための方が力を発揮できるような気がしています。

Parents

## 人間が自然に持つ「人のために頑張れる気持ち」を育てよう！

# 10 中学受験で合格する子は垂直に比べ、失敗する子は水平に比べる。

「○○君に順位負けちゃった……」

「○○ちゃんより点数高かった！」

テストの結果が返ってきたとき、順位やライバルとの点差ばかり気にしてしまう子がいます。そしてそういう子の親御さんもまた、順位や偏差値といった指標に一喜一憂しがちです。しかし、他人との比較ばかりすることは、無駄なエネルギーを使いながら勉強に向き合っていると言えます。


合格する子は**自分の過去と現在を比べます。**

「前はできていなかった問題が解けるようになった！」

「計算のスピードと正確性がだんだん上がってきた」

など、自分の過去と比べてどう成長したかに注目します。受験の真の相手はライバルではなくて志望校の入試問題ですから、**向き合うべきは自分の実力**なのです。

「人は他人と比較するとIQが下がる」という研究結果があります。研究で行われた実験ではまず、IQが高い人たち（IQ平均値が126）を集めて全員に認知テストを行い、その成績をすべて公開してランクづけしました。そのあと、全員に問題解決力を問うタスクを指示しました。

すると、最初の認知テストで順位が低かった人ほど、以後のタスクができなくなり、IQは低下しました。なんと、下位グループの人たちは平均して17・4ポイントもIQが低下したのです。また、順位が高かった上位グループの方も、平均8ポイントの低下となったようです。

実際にはみんなほぼ同じIQで、元々の力には差がないはずです。それなのにその中で**序列をつけて他人と比較することで、下位の人たちに対してはとてつもないマイナスの影響**を与え、さらに上位の人たちに対してもマイナスの影響があったのです。恐ろしい話ですよね。

　この研究結果は、他人との比較がいかに危険かを示しています。

　でも、まだ幼く純粋な子どもは、テストの成績表を見ればつい順位が気になってしまうものです。そもそも塾には成績表以外にも、成績順のクラス替えや点数順の席替えなど、他人と比べる意識を持ってしまいがちな機会が多々あります。

　もし順位やコースが下がってお子さんが落ち込んでいたとしても、

「この教科は前回よりも点が上がっているよ！」

「苦手だった分野でこんなに点が取れるようになったんだね！」

など、成長した箇所を見付けてたくさん褒めてあげてください。

　テストの成績表には、教科ごと、さらには分野ごとの詳しい成績が載っています。親子で一緒に確認し、順位や偏差値だけでなく、細かい部分までチェックしてみましょう。そうすれば、どこかで必ず成長しているポイントはあるはずです。

　順位が下がっていても、友達に負けていても、前回できていなかった箇所ができるようになっていたら、それはお子さん自身の立派な成長なのです。

大切なのは、**他人との比較ではなく自分の過去と現在の比較**です。

わが母校である開成の前校長の柳沢幸雄先生は、これを「水平比較ではなく垂直比較で見ましょう」と表現し、著書の中でも常におっしゃっていました。

私の指導経験上も、他の子との比較から解放され、グッと伸びた子がたくさんいます。

たとえば、大手進学塾の一番下のコースにいた子が、準御三家レベルの学校に合格したりしました。うちは個別指導塾なので、大手塾のようなクラスのアップダウンや成績での席順がありません。それで他の子への意識が消えて、「自分は頭が悪いんだ」という呪縛から解放され、本来の頭の働きを取り戻したということだと思っています。


水平比較ではなく垂直比較。

これをぜひ家族みんなで共有して、他の子と比較する意識を捨て去ってくださいね。

Parents

## 子ども自身の成長ポイントを見付けてたくさん褒めよう！

# 第2章

# 成績を伸ばす勉強法編

# 11 中学受験で合格する子は×を宝物にし、失敗する子は○を大切にする。

テストが返されたとき、○がたくさんついた答案を見るのは気持ちのいいものですよね。一方で×だらけの答案が返ってくると気持ちがゲンナリするもの。人間として当然の心理です。

でも、成績を伸ばしたければ、テスト結果の○×で一喜一憂してはいけません。そのテストに含まれる成長のための大事な栄養素をしっかりと吸収することが大切です。

その栄養素とはズバリ「×」です。

テストには、今の実力を測定するだけでなく、今足りていない能力や苦手な単元を明らかにするという側面もあります。勉強とは、知らないものを知り、知識や経験として蓄えることで、できなかったことをできるようにする一連の作業です。そう考えれば、**今足り**

**ていないものを明らかにしてくれた×こそ大事に扱い、×を○に変える努力をする**ことが成績アップへの近道と家ます。

私はよく生徒たちに「**バツは宝物**」だと伝えています。

合格する子は、テストはもちろん、普段の勉強から×を徹底的に追いかけることが習慣化されています。×を追いかけるとは、次のようなステップを踏むことです。

①解説を読んで（聞いて）理解する【間違い直し】
②時間をあけて、再び解いてみる【復習】
③②で間違えたら、さらに時間をあけてもう一度解いてみる【再復習】

成績の伸びない子にありがちなのが、①で終わってしまうパターンです。

授業中に間違えた↓解説を聞いてわかった↓よっしゃ！（おしまい）

このパターン。これではマズいですよね。

「わかる」と「できる」は違います。本番で結果を出すには「できる」状態になっている必要があるので、②以降にもきちんと取り組むことが肝心です。

ここで、うちの塾でも実践している「×を○にするまで追いかける」**シメバツチェック法**をご紹介します。

やり方はシンプルです。先の①〜③のステップに沿って説明しましょう。

① 解説を読んで理解したら、それで終わらず×の問題をそうとわかるように、必ず問題集やテキストなど**「問題」の方に／**をつけます。

② 復習して正解したら、つまり○にできたら、**①でつけた／に逆向きの＼を重ねます。**すると**〆（シメバツ）が完成**します。この＼が入ることが、復習の際に自力で解けた証です。

一方で、再び不正解なら、／をもう一本足して／／にします。まだ自力で解けていない問題、つまり再復習をすべき問題となります。

③ 最終的に自力で解けたときに＼を入れて締めます。

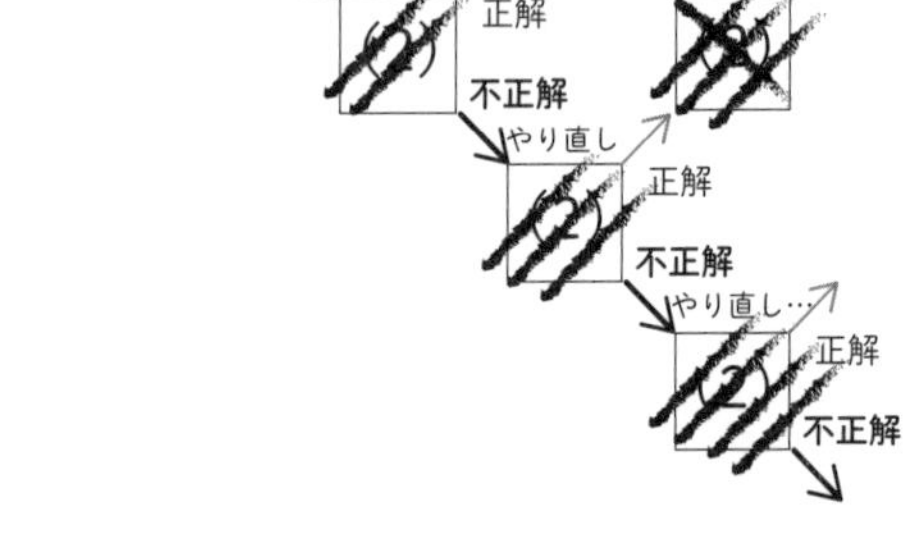

復習の解き直しの際に見るのは、過去の解き跡ではなく問題の方なので、こうして問題集やテキストに印をつけると便利です。シメバツチェック法なら、まだ自力で正解できていない問題（＝復習すべき問題）が一目瞭然になります。

もし親が時間を取れるなら、**苦手度の高い問題**（たとえば2回以上間違えた問題など）**をコピーして切り貼りして寄せ集めた「お宝ノート」**なんてものを作ってあげると効果的です。それは成績アップのためのバイブルになることでしょう。

成績を伸ばすには、できなかったものをできるようにすることが必要で、そのためには復習は欠かせません。特に基本問題など一般的な正答率が高いのに間違えた問題は、徹底して追いかけたいものです。

復習しやすくする工夫を取り入れ、ひとつひとつ自分のものにしていくのが、まさに王道と言える合格への道なのです。

Parents

## 親はぜひ、×の管理のサポートを！

# 12 中学受験で合格する子は意図を持って繰り返し、失敗する子はやり直しの嵐にめげる。

前項で、勉強では×を○に変えることが大切であり、そのためには復習が欠かせないというお話をしました。人間はコンピューターではないので、残念ながら一度学んだことをそのままずっと覚えておくことはできません。定期的な知識のお手入れが必要で、それが復習にあたるわけです。

とはいえ、中学受験で学ぶ知識の量は膨大です。そこで、**なるべく少ない頻度で最大の成果を得られる、効率的な復習のタイミングを考える**といいでしょう。

人間の記憶は、**忘れかけの頃に思い出すことによって強化される**という性質があります。クイズ番組などで、「あれ、なんだっけ……?」と、答えが出てきそうで出てこないことってありますよね。正解を見ると「ああ、そうだった!」となって、それが強く記憶に残る経験も。これを狙って作り出すのが、効率的な復習のポイントです。

授業の日（火・木）

| | 日 | 月 | 火 | 水 | 木 | 金 | 土 |
|---|---|---|---|---|---|---|---|
| 1週目 | | | 国社 No.1 | 国社 No.1 宿題 (復習1回目) | 算理 No.1 | 算理 No.1 宿題 (復習1回目) | |
| 2週目 | | 国社 No.1 宿題×の復習 (復習2回目) | 国社 No.2 | 算理 No.1 宿題×の復習 (復習2回目)<br>国社 No.2 宿題 (復習1回目) | 算理 No.2 | 算理 No.2 宿題 (復習1回目) | |

※No.1、No.2 はテキストナンバーや第○回にあたるもの

具体的には、図のような感じです。

これは火曜日に国語と社会、木曜日に算数と理科を塾で習う週2回通塾のケースを想定しています。

木曜日の算・理を例に説明します。新しいことを塾で習っても、習ったばかりでは、多くの場合記憶がまだ不安定なので、翌日の金曜日に復習として、この回の宿題をやります。その日じゅうに全部できなくてもかまいません。大切なのは**なるべく早いうちに授業で学んだ知識に再びアクセスした**（復習した）という事実で、これによってヤワな状態の記憶が強化されます。そして遅くとも週末までには宿題を一通り終わらせます。

そしてぜひもう一発、**程よく忘れかけの頃に復習を挟みたい**ところです。それが翌週の水曜日、授業の前日に書かれている「算・理 No.1 宿題×の復習（復習2回目）」です。これは宿題で間違えた問題に絞ってやる形でOKです。

この復習には大きな価値があります。

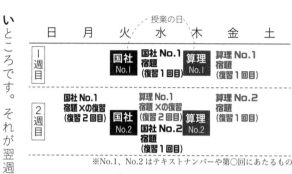

・前の項で話した「×をしっかり追いかける」の実践
・再度の復習による記憶の強化
・(翌日に行われる)復習テストの対策

これらを同時にできるからです。

大手塾では毎回の授業で前週の内容の復習テストを行うところも多いので、実は3つ目の価値も見逃せないところです。

このように、忘れかけのタイミングを狙って復習を繰り返し、復習効果を最大化する勉強法を、私たちの塾では**メモリーサイクル法**と名付けて推奨しています。翌日にやり、さらに翌週の授業の前日にやるということで、授業日をサンドイッチするように勉強すると覚えておいてもOKです。

ポイントは**少しずつ復習の間隔を広げる**ことで、今回のように初めて習った日を基準にして「1日後の復習→6日後の復習」のようにしていくのが効果的です。そうすると知識が効率的に強化されて忘れにくくなっていきます。

この次はさらに広げて約1か月後の復習が効果的です。大手塾ではそれくらいのタイミングで月例の復習テストがありますよね。記憶の観点からも、理に叶ったシステムです。

このように、人間の記憶のメカニズムに基づいて意図を持った復習を繰り返していく子と、復習をろくにしない子とは、成績に大きな差が出ます。せっかく学んでも覚えられず、何度も一からやり直しをさせられると、子どももイヤになってしまいますよね。

また「復習をできないほど宿題が多い！」といった悩みを抱えているなら、復習ができる分量に**宿題を削ってでも復習は必ずセットにする**ことをオススメします。やったことを着実に定着させていくのが合格への近道です。

ちなみに今回例に挙げたケースでは、水曜日はその週にやった国・社の宿題もあるので、負担がかなり大きいですが、中1日で授業に挟まれた間の日が大変なのは、まぁ仕方のないものだと割り切ってもらえればと思います。メモリーサイクル法による復習は、その大変さを受け入れる価値があるくらい強力な方法です。ぜひ実践してみてください。

Parents

## 翌日と6日後の復習サイクルを定着させよう！

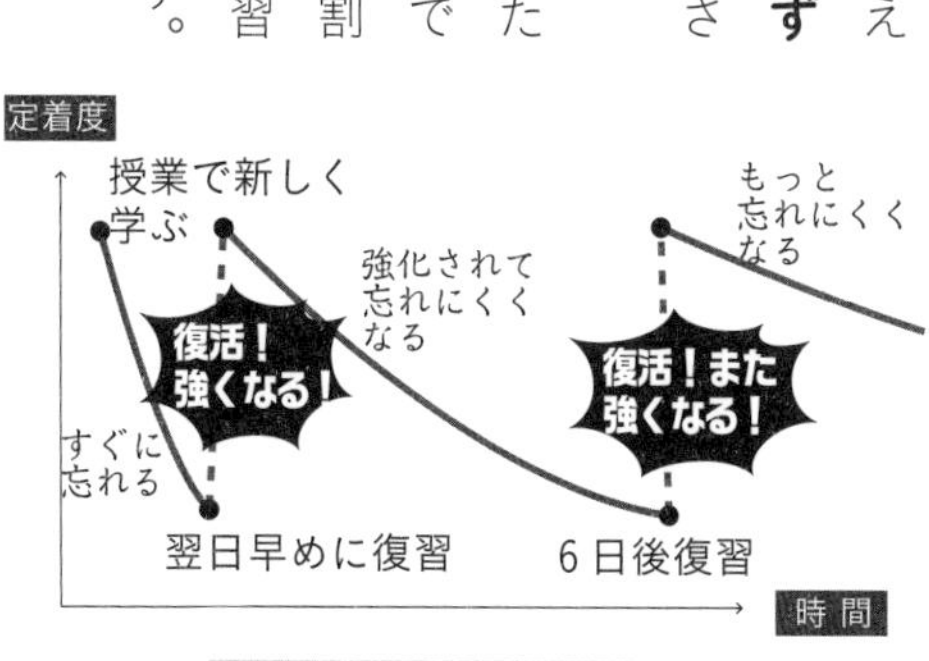


メモリーサイクル法

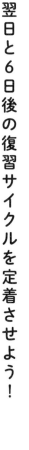

# 13 中学受験で合格する子は2つの計り方で時間を味方にし、失敗する子は時間に追われる。

「時間は皆に平等に与えられている。その時間の使い方こそが人生を左右する！」

中学受験も限られた時間との戦いです。

限られた時間の中で日々の学習をいかに効率的にこなしていくか。

試験の制限時間の中でどう取り組むか。

中学受験を通じて有意義な時間の使い方を体得することはもしかすると合格以上に価値ある財産となるかもしれませんよね。

塾で生徒たちを見ていても、成績の伸びる子はメリハリのある勉強をしています。

「何時何分〜何時何分は何をやる」のように決める、あるいはストップウォッチで時間を計るなどして、**集中する時間を生み出す工夫をしています。**

一方、机に向かっているのにダラダラ勉強になっている子もいます。成績につながらないのがオチで、これではモチベーションも上がりません。

私自身、小学生時代から勉強の際には常にストップウォッチを傍らに置いていました。時間を意識して勉強することは、勉強効率を高めるためには必須だと思います。特にストップウォッチ（もしくはタイマー）を活用して時間を計るのは、誰でもすぐにできるお手軽で最強の勉強法だと考えています。

さて、時間を計るといっても、その方法には2つのパターンがあります。

## ①カウントダウン

〇分と時間を決めてセットし、スタートとともに残り時間が減っていく計り方です。制限時間を決めてテストを解く、問題集に取り組むなど、活用範囲の広い方法です。

テストであれば50分など長めの時間にセットする必要がありますが、普段の勉強ならば短めの時間にセットするやり方がオススメです。

たとえば4年生や5年生の算数であれば、算数といえど暗記もの的な性質が強く、解法パターンをパッと思い出せるかどうかがカギになります。多くの問題では解法パターンは「考えて導き出すもの」ではなく「反射的に思い出すもの」なのです。

そこで、たとえばタイマーを5分にセットします。長い時間かけたらなんとかなるというものではないので、**5分で集中して解き、ダメなら潔く次に行けばいい**のです。

もし2段階で音を鳴らせるタイマーなら、2分と5分で音が鳴るようセットして、

・2分の段階で解き方がわからない↓次に行く

・解き方がわかっても5分の段階で解けていない↓次に行く

のようにするのも有効です。

そして4～5問単位でいったん答え合わせをします。

1980年代にイタリア人のフランチェスコ・シリロが考案した時間術「ポモドーロ・テクニック」は、25分の作業と5分の休憩を交互に繰り返すことで効率を高めるというものです。先ほどのタイマーを使ったやり方は、答え合わせの時間を含めると大体この時間尺になります。

人間の集中力は実はそんなに長くはもたないもの。ぜひ一度お試しあれ。

## ②カウントアップ

もうひとつは、50m走のタイムを測るようなやり方です。

「計算ドリル」など、同じような構成・レベル感のものを連日取り組む場合に使うと最適です。**前回よりタイムが速くなりかつ正解率が高くなれば明らかな成長を実感できますよね。**

あとは「47都道府県をすべて書く（言う）のを何分何秒でできるか」など、タイムアタック的なものにも活用できます。

ゲーム感覚で親子で競争したら盛り上がると思いますよ！

有意義に時間を使えれば、一日が終わったとき「ああ、充実していたなあ」と思えることでしょう。それが翌日以降の勉強のやる気にもつながります。

メリハリをつけ、集中力を高めるための時間術、ぜひ中学受験を通じて身につけてくださいね。

Parents

**親が時間を計る役をやると、子どもも気合が入るかも!?**

# 14 中学受験で合格する子は今日の勉強予定が決まっていて、失敗する子は勉強予定を今日決める。

お子さんは勉強に取りかかる前に勉強の予定を決めているでしょうか?

そもそも中学受験の学習範囲は、小学生にとっては過酷すぎるくらい広いものですが、生徒のレベルや志望校によって最適な勉強内容は変わります。

**やる内容を吟味した上であらかじめ「何時に何をやる」という勉強予定を立て**、有意義な勉強時間にする。これは合格するためにはとても大切なことです。

ドイツのコンスタンツ大学の心理学者ペーター・ゴルヴィツァーが、こんな実験を行いました。クリスマス休暇の直前、学生たちに調査への協力をお願いし、協力すると言った学生には、「クリスマス休暇をどう過ごしたか」についての詳しいレポートを帰省先で書くように依頼しました。投函期限は、「クリスマス当日から48時間以内」です。

ゴルヴィツァーは、学生のうちの半分にはもうひとつお願いをしました。レポートを書く予定の時間と場所を具体的に決めてもらったのです。学生はその場で時間と場所を紙に書き、ゴルヴィツァーらに渡しました。

その結果、予定を作成しなかった学生のレポートの提出率は32％だったのに対し、予定を作成した学生の提出率は71％となりました。

さて、この実験結果から、私たちはどのような教訓を取り出せるでしょう。

ひとつは、**やる気があっても行動できないことはある**ということです。このレポートは任意の課題なので、協力するといった学生たちにやる気はありました。それでも、3人に1人しか提出できていないという結果になったのです。

これ、受験生でも同じだと思いませんか？

子どもたちも当然、成績を上げたいと思い、そのために勉強をしたいとも思っています。それなのに、実行できないのです。

ただこれは人間なら当たり前のこと。そこでもうひとつの教訓が重要になります。

それは、**予定を立てると行動が変わる**ということです。

「いつ」「どこで」レポートを書くか。たったそれだけを事前に決めることで、レポートの提出者は倍以上に増えました。

しかもこの実験では予定を書いた紙は提出してしまっていて、学生たちの手元にはありませんでした。それでもレポートを書いた学生たちが大幅に増えたのです。

ただ漠然と「やらなくては」と思っていた結果、その機会を逃してしまうことは、大人でもよくあることです。いつやるかあらかじめ決めるだけで、実行確率がグンと上がるのはとても素晴らしいことですよね。

勉強予定は、小学生の子どもが一人で立てるのはなかなか難しいので、親子で一緒に考えるのがオススメです。

ポイントは**前日までに立てる**こと、そして**最後は子どもに決めさせる**ことです。

親がある程度まで誘導したとしても、最後は「自分で決めた」という事実が主体的に取り組むことにつながります。

ただし、注意点が2つあります。

まず、立てた**予定通りにうまく進まなかったとしても、それを叱らない**こと。

初めて予定を立てた子がいきなりその通りに実行できることは少ないものです。先ほどの実験でも、大学生の被験者たちですら約3人に1人は予定通りできなかったのです。

もうひとつの注意点は、予定通り**うまくいったときに追加でもっとやらせようとしてはいけない**ということです。

子どもにしてみれば、頑張って早く終わらせたのに追加でもっと勉強させられるとなったら、頑張るメリットを感じなくなります。早く終わったらまずはそのことを褒め、必要に応じて翌日以降の勉強予定を調整すればいいのです。「おかわりは禁物」と覚えておいてください。

端的にまとめれば、「予定なんか立てなければ良かった」と思わせないようにすることが大切です。予定の力を最大限発揮するためにも、予定を立てることにポジティブなイメージを持ってもらい、子どもを正しい行動に導いていきましょう。

Parents

## 親は子どもが予定を立てるサポートをしつつ、最後は子どもに決めさせる！

15

# 中学受験で 合格する子はアウトプットにこだわり、失敗する子はインプットにこだわる。

子ども部屋の勉強机でのワンシーンです。

キラキラした目でテキストを読み、フムフムとうなずく4年生。理科の星座について学んでいるようです。

「夏の大三角はベガとデネブとアルタイル、冬の大三角は……」

熱心に蛍光ペンで線を引いています。

30分かけてその週の範囲を一通り読み終え、満足げな表情。「よーし、今日の理科は終わりっ！　次は算数だ」と、休憩に入ります。

一見まじめないい子で、成績も良さそうです。実際4年生の間はこのままでもなんとかなるかもしれません。

ただ毎回の勉強がこのやり方だと、きっと**5年生以降でつまずくことになります。**

中学受験で覚える知識はたくさんあります。多くの塾では4年生から本格的なカリキュラムが始まり、5年生になると加速。通塾日数も宿題量も増えます。

そんな中で合格する子は、**覚えるためにテキストを読んだあとに、覚えることができたか試す機会を必ずセットにします。**

すなわち、「覚える」というインプットの作業と、「思い出す」というアウトプットの作業をセットで実行しているのです。

「覚える」という言葉に騙されがちですが、実は覚えようとするのではなく**思い出そうとすることで人間の記憶は強化されます。**

特に初めて習うものなど新しく仕入れる知識については、時間が経つとすぐに忘れてしまうので、早い段階でアウトプットの機会を設けて思い出そうとすることが肝心です。合格する子はアウトプットを重視します。

一方、失敗する子は、何かを覚えるためにひたすらインプットに時間を使う傾向があります。延々とテキストを読むといった勉強法はその典型的なものです。

ストーリーさえわかればいい読書とは違って、キーワードを覚える必要がある勉強においては、**読みっぱなしにするのではなくキーワードの確認作業が必要**になります。

インプットはほどほどにして、本当はむしろアウトプットに時間を使うべきなのです。

アウトプットは思い出す作業ですから、対象が見えている状態でやっても意味がありません。

そこでオススメしたいのは**チェックペンを活用した勉強法**です。

チェックペンは濃い色のマーカーペンで、キーワードに線を引き、特定の色の下敷きで隠すと、そのキーワードを見えない状態にできます。つまり**即席の穴埋め問題を作ることができる**のがこのチェックペンであり、インプット直後のアウトプットの機会を作るには最適です。

蛍光ペンのように見た目が美しくないのが難点ですが、記憶のメカニズムを考えれば蛍光ペンより断然チェックペンの方が、ものを覚えるには効果的です。

ざっと一通り読んで内容を理解（インプット）したら、すぐにチェックペンでキーワードに線を引き、思い出せるかの確認（アウトプット）をすることが大切です。

他にも、親子で協力してアウトプットの訓練をする方法として、**一問一答系の暗記もので親が子どもにクイズを出す**というやり方もあります。
私が小学生のときによく母にやってもらっていた方法で、これは効果てきめんでした。楽しみながらアウトプットできたのはもちろん、間違えたときには思い出すための手がかりを母がくれることもあり、次のアウトプットの際にはそれが助けとなりました。さらに、母に伴走してもらっているという実感も湧いて嬉しかったものです。

「覚えよう、覚えよう」と思って一生懸命テキストと睨めっこすればするほど覚えられないというのはとても皮肉なものです。「自分は頭が悪いんだ」と、勉強への自信をなくすことにもなりかねません。
悪いのはやり方です。ぜひお子さんがアウトプット重視の勉強スタイルを確立できるよう導いてあげてください。

Parents

**クイズ形式で子どもにアウトプットを促してみよう!**

16

# 中学受験で合格する子は「わかってない」ことがわかり、失敗する子は「わかってない」ことがわからない。

私が以前、大手塾のサピックスで算数講師をしていた頃の話です。1クラス20人ほどの生徒に対して一斉に授業をしていると一部どうも表情の怪しい子たちがいます。周りに合わせて「うん、うん」とうなずいてはいるものの、なんとなく目に力が入っていないというか、上の空というか。こういう子たちは、残念ながらほとんどの場合、内容をきちんと理解できていません。

そんな「わかったつもり」状態の子に対して、私は授業後に声をかけます。

繁田「岡田君（仮）さ、最後の方にやった旅人算の□3、ちゃんと理解できていたか質問教室で確認しよう※」

岡田「えー、先生、大丈夫！　ちゃんとわかってるよ」

繁田「まあまあ、とりあえずおいで（笑）」
そして質問教室で本人に対して問いかけます。
繁田「岡田君さっきの問題わかったって言ってたけど、ちょっと先生に説明してみて」
岡田「いいよ。A君とB君がああなってこうなって。だからこういう式になって」
繁田「この式がなんでこうなるのか、説明してみてくれない？」
岡田「うん。えーと、あれれ？　なんでだっけ」

これは本当によくあるパターンの一例です。ここで生徒本人は気づくのです。自分がちゃんとわかっていなかったこと、つまり**「わかったつもり」になっていた**ことに。
そこで改めて、岡田君に問いかけをしつつ、ひとつひとつきちんと理解したことを確認しながらゆっくり解説を進めます。すると解説が終わった頃には、霧が晴れたような表情で嬉しそうに「わかった!!」と言うのです。その言葉にはエネルギーもあります。
繁田「どう？　今のわかったの感覚は、授業中のモヤモヤとは全然違うでしょ？」
岡田「うん、全然ちがう！　スッキリわかった」
繁田「そうだよね。この感覚をぜひ覚えておいてね」

※サピックスは授業後に個別の質問対応をする質問教室という時間を設けています。

実は成績の伸び悩む子のほぼ全員が、この「理解不足」の問題を抱えたまま塾から帰ってきて、それを放置してしまっています。そして厄介なことに、先のやり取りにもあるように、本人がそのことに気づいていないケースがとても多いのです。

この理解不足、いわゆる**「わかったつもり問題」をクリアすることが、成績アップのカギ**となります。

知識の仕入れ・入口の段階であるインプットでのエラーなので、ここを改善しないことには宿題やテストといったそのあとのアウトプットはうまくいきません。「やってもやってもできない」といった現象は、多くの場合、ここに原因があるのです。

ではどうやったら「わかったつもり」を減らしていけるのでしょうか?

そのための必殺技が**問いかけ**です。

**なぜそうなるのか、なんでそう考えたのか**ということを、本人にポイントポイントで問いかけていくのです。言葉や表現が拙くても、そこでしっかり本質を理解して説明できればOK、詰まってしまうようなら理解度が足りていない、ということになります。これは特に理屈や手順の理解が不可欠な算数において重要になります。

この**「人に説明できる程度に理解している」理解度**のラインのことを、私たちの塾では**ステイライン**と名付けて指導の際に最重視しています。知識の定着（ステイ）のために必要なライン、ということでステイラインです。研修でも講師たちには問いかけのメソッドを入念にレクチャーし、徹底的に生徒たちの「わかったつもり」をなくしています。

きちんと理解できたかどうかという本人の「感覚」を矯正するアプローチなので、最初は根気強い問いかけが必要になります。しかし繰り返すうちにやがて子ども自身がステイラインに乗った感覚を理解し始めると、ステイラインに乗っていない、中途半端な理解の状態が気持ち悪くなり、自らきちんとわかるまで突き詰めるようになります。

この感覚が備わると非常に強いです。そのあとの勉強でずっと、どの教科でも役に立つ、貴重な財産となります。

ぜひご家庭でも、子どもが塾から帰ってきたら、ステイラインを意識した問いかけをしてみてください。きっと成績向上のカギに気づき、親子のコミュニケーションも生まれる、一石二鳥の働きかけになると思いますよ。

**Parents**

## 問いかけで「わかったつもり」を撲滅しよう！

# 17 中学受験で合格する子はイメージ力を活用して覚え、失敗する子は丸暗記に苦しむ。

受験勉強をする上で切っても切り離せないこと、それは「暗記」です。理科や社会に限らず、どの科目においても基礎の部分ではたいてい暗記が求められます。でも、暗記が苦手な子どもは多いんですね。

もし、わが子が「全然覚えられない」と悲鳴を上げていたら、どんな声かけをしますか？「覚えられるまでやりなさい」「やる気が足りないんだ」などと、つい言ってしまいませんか？

私自身でさえ、心の中でそう思うときはあるのですが、子どもに精神論を説いても改善にはつながりません。**暗記は誰でもやればできるもの**です。しかし、ちょっとした一手間は必要です。このちょっとした一手間をかけるか否かが、暗記が得意な子とそうでない子の決定的な違いとも言えます。

ここでひとつ有効な方法をご紹介します。それは「**イメージ力**」の活用です。

人は実在しないものでも遠く離れたところにあるものでも、それをあたかも目の前にあるかのように、映像を頭の中で創り出す力を持っています。私たちはこの「イメージ力」を日常的に使っています。


たとえば「りゅう座」という言葉を見た今、あなたの頭には何が思い浮かびましたか？おそらく、緑色の巨大な生物である「竜」を想像したんじゃないかと思います。もしかしたら、お友達の「リュウ君」の顔もチラッとよぎったかもしれません。

では「ろくぶんぎ座」という言葉を見た場合はどうでしょうか。何も思い浮かばなかったのではないでしょうか。これは漢字では「六分儀座」と書く春の星座です。六分儀とは、航海や天体観測に使う測量器具のひとつです。

そう説明されても、どんな器具なのか、その映像は頭に思い浮かびませんよね。これら2つの状況で、記憶への残り方が全然違います。


人の記憶は、「言葉よりもイメージ（映像）の方が忘れにくい」と認知心理学の世界では知られています（**画像優位性効果**）。写真やスケッチ画を見せられて覚える場合と、文字で見せられて覚える場合とでは、前者の方がたくさん覚えられます。

そのため、学習した内容を忘れないようにするには、その内容に関するイメージをしっかりと作ることが大切です。

たとえば、「ピーマンの生産量が多いのは宮崎県」を覚えるときには、この場所が多いというのを**日本地図の中のイメージで覚えましょう。**宮崎県の位置に巨大なピーマンを置いた映像を思い浮かべるのも効果的です。そうすると「宮城県だっけ？　宮崎県だっけ？」といった混乱を起こしづらくなります。

この「イメージで覚える」ことを、多くの子どもはしていません。

「前九年の役」「後三年の役」といった言葉だけ覚えて、誰と誰が？　どんな理由で？　どこで？　戦ったのかをイメージしていない。そのせいで、せっかく勉強したことを忘れてしまうのはもったいないですよね。

「イメージ力」は日常生活で鍛えることができます。その方法を2つご紹介します。

### ①物語を読む

小説をはじめとした物語文は、文章や情景描写が洗練されていて、登場する場所や人物の服装・表情など、自然と映像をイメージしながら読めて、練習にうってつけです。

### ②画像検索をする

わからない語句があったときによくネット検索をしますが、その際、画像検索もしましょう。たとえば、「チンギス・ハン」の文字だけよりも「白い衣装を着ている、あごひげの長いおじさん」というイメージも併せて見た方が、記憶に定着しやすいものです。

Parents

## 子どものイメージ力を刺激するような声かけを！

お子さんが暗記で苦しんでいたら、まずは「イメージ力を働かせることが、ラクに記憶できるコツだ」と、教えてあげてください。そして、多少手間でも、ひとつひとつの内容にイメージを伴わせて理解していくようにしてみましょう。

そうすれば、頑張って勉強したことがしっかり記憶に定着していくはずです。

18

# 中学受験で合格する子は人マネをし、失敗する子はオリジナルを貫く。

やり方を新しく学ぶ際に、最もシンプルで一番の近道となる方法は何でしょう。それは「うまくできている人のやり方を真似てみること」です。

たとえば初めて習う算数の単元では、まず例題の考え方を説明してもらい、同じような手順で類題を解くことを繰り返したりしますよね。最初は計算の順番を追うだけになるかもしれませんが、やり方を繰り返し真似ることで「なぜこの方法をこの場面で使うのか」と頭の中で何度も考えることになります。そうすることで考え方を秩序立てて理解、習得することにつながります。

受験勉強全般でも同じです。

どのような教材をどう使い、受験が近づいてきたらいつ頃から過去問を扱って、その過去問をどのように見直して対策を練っていくのか……など、まずは合格した子たちの勉強方法を真似るところから自分の勉強方法を考えるのがうまいやり方です。

一方で、勉強をしているのになかなか成績が伸びない子どもたちの中には常に新しい方法をまるで発明家のように思いついてみせようというスタンスの子が少なくありません。

自分の力で解こうとするあまりその場の思いつきで進めてしまって正しい答えが得られなかったり、正解したとしても似た問題では誤答してしまうことが多かったりします。

自分のオリジナルで感覚的な方法を選びたがる子が伸び悩む最も大きな理由は**「うまくできても失敗しても、立ち返るところがない」**点にあります。

うまく解けたときやいい点数が取れたとき、もともと真似して取り組めた子は、**これからもその方法を真似し続ければ成功できるんだという自信**が持てます。

その方法を何度も再現しながらいい結果を得ることで、その自信をさらに深めていくことができます。

真似てみた結果うまくできないことがあっても、そもそもきちんと同じようにできていたのか、途中まではちゃんと真似ができていたのか、などと振り返ることができます。

このように慣れないうちは誰かと同じようにしてみようと真似を試みることで、次第に自分軸ができ上がっていきます。自分軸ができれば再現する力が身につき、反省して修正する力も同時に身につけることができます。


真似ることが上達の最善策であることは学びの場に限りません。

スポーツや料理が上手になりたいときも、やはり私たちは真似から入ります。

遊びやゲームの場でも同じで、たとえば鬼ごっこのときにすぐに捕まってしまう子は、うまく逃げ回る子に比べて、いつも自分が思いついた発想で逃げ回り同じような失敗を繰り返しがちに思います。

こんな生徒がいました。

高校生で慶應義塾大学を目指している子だったので、担当の先生を慶應の現役大学生にしたのですが、その生徒は色の使い分けを含めたノートの取り方から付箋の使い方まで、そっくりそのまま先生が受験生時代にやっていたやり方を真似したのです。その結果、見事に慶應義塾大学に現役合格しました。

ちなみに担当した先生も元々は私たちの塾の生徒で、生徒時代には同じように現役の慶應生の先生に習っていました。そしてその先生の勉強法を真似し、偏差値を25以上伸ばして慶應義塾大学に現役合格しています。その勉強法が受け継がれていったわけです。

この例からもわかるように、**「成功の過程」をどれだけ忠実に真似し続けられるか**が非常に重要になります。算数や数学で技巧的な手法よりも一般的な解法を地道に学んでいくことが大切なのと同じですね。発想力を磨くのは一般的な考え方をしっかりできるようになってからでいいのです。

そのような地道な努力の積み重ねができる子と、最初からそれを放棄して独創的なひらめきに頼ってしまう子とでは大きな差が開きます。

**ひらめきは1％、残り99％は真似をし続ける努力。**

大袈裟かもしれませんが、真似ができるかオリジナルかは成功を収めるための大きなポイントであることに間違いはないのです。

Parents

## 「学ぶことは真似ぶこと」をログセにしよう！

# 19 中学受験で合格する子は過去問を惜しまず、失敗する子は過去問を直前までとっておく。

受験勉強をしていると、過去問はいつ解けばいいのかという悩みにぶつかる人が多いでしょう。過去問は正しく使えば効果は大きい一方で、使い方を間違えると逆効果すら生まれてしまう取扱注意なアイテムです。

合格するには過去問をどう使い、どう付き合っていくといいのでしょうか。

**①過去問の使い方：早めから対策を練るべし**

過去問は数が限られているので、「なるべく直前まで見ずに取っておきたい」と考える人も多くいますが、早い段階から実際に解いてみることをオススメします。特に志望度の高い学校の問題には、**6年生の早い時期から目を通し、可能であれば実際に解いてみるといい**でしょう。

孫子の兵法に「彼を知り己を知れば百戦殆《あや》うからず」というものがありますが、あらかじめ問題を見てどのような出題がされているのかを知り、現状の自分の実力を把握した上で対策を練るのは非常に大切なことです。

志望校の大体のレベルは偏差値でも測れますが、あくまで一般的な尺度にすぎません。

- 出題形式は合っているか？
- 苦手分野が頻繁に出題されていないか？
- 細かい知識と思考力のどちらが求められているのか？
- 解答用紙はどんな形式か？

過去問から得られる情報は山ほどあります。これらを活用して、それ以降の勉強の物差しにしない手はありません。

## ②過去問の注意点：直前に解くリスク

初見の過去問をもし直前に解いて、出来が悪かったとしたら、自信を保つのは難しいでしょう。受験はメンタルが大きなカギを握る勝負。余計な心配事を増やすリスクは負いたくありません。

過去問を知らず、今まで的外れな勉強をしていたとすれば、なおさらです。先に知っておけば良かったと後悔しないためにも、過去問は早めに解いて対策をしっかり練っておくべきなのです。

### ③過去問の解き方：直前は時間配分を確かめる

直前になれば過去問を通しでやる人も多いでしょう。**直前に解く過去問は、力試しや傾向把握よりはむしろ「時間配分を確かめる」意味合い**が強くなります。しっかりと対策を練った上で、それをどのように発揮するのか。本番を想定し、過去問を一通り解いてみましょう。可能であれば、試験の当日と同じ時間帯に取り組むとさらに効果は高くなります。

この辺りのポイントを意識すると、効果的な過去問演習ができるはずです。

ただし、過去問はあくまでも以前出題された「過去の問題」。**同じ問題が出る可能性は低い**です。

また、塾の仕事を長くやっていると、何十年間も同じだった**問題の形式が突然変わる**ようなことにも出くわします。すると翌年はその新しい形式で出されるのか、はたまた旧来の形式に戻るのか、どちらの対策をすればいいのか悩むことになります。新形式が続く場合、以前の過去問を使って対策をしていてもあまり効果的ではなく、過去問を完璧に解けるようになったからといって、対策がバッチリだと言えないのが厄介です。

御三家をはじめとする最難関の学校に関しては、大手塾が主催する対策模試などを活用しつつも、総合的な実力アップに励むのが、結局のところ一番の近道でしょう。

そして過去問はそれを支えるための羅針盤のようなもの。

**過去問からは「その学校が求めている能力」が学べます。**形式・傾向が変わっても、それがぶれることはめったにありません。

ぜひ、早い段階で過去問を解き、求められていることを問題の中から読み取ってみてください。それこそが、過去問を使う最大の意義と言えるでしょう。

Parents

## 過去問は惜しまず早い段階で解かせ、敵を知った上での対策を練る！

20

# 中学受験で合格する子は十分な志望校特化の対策をし、失敗する子は網羅的な対策をする。

**志望校対策の基本中の基本は、過去問を徹底してやり込むことです。**

「そんなの当たり前だ」と思われるかもしれませんね。しかし、その当たり前がどこまで徹底できているかというと、徹底できていない子がほとんどです。だから、志望校対策を本当にやり切った子は合格をつかみやすいのです。

特に、**中堅校など難関校以外の学校においては、この志望校対策が合否へ大きく影響し、逆転合格の要因となる場合も多い**です。

中堅校で顕著に逆転合格が起こりやすい理由は、多くの塾の志望校対策の仕組みとも関係があります。ほとんどの大手塾では、いわゆる御三家や早慶附属をはじめとする有名難関校に特化した学校別対策講座が存在します。「SS」や「NN」などで、「開成対策」と銘打って、入試の傾向を細かく分析して演習や解説授業を行ってくれます。この授業を、同じ学校を志望する子たちが受けているのですから、裏を返せば、その子たちの間ではなかなか差がつかないわけです。対策授業が素晴らしいものであればあるほど、同じ授業を受けた子たちの中で合格をつかむのは、元々成績がいい子たちということになります。

しかし、中堅校はそうではありません。例えば、私たちの塾の近くにある人気校に國學院久我山中がありますが、大手塾に「國學院久我山対策講座」のような講座は存在せず、似た偏差値帯の学校を志望する子たちを集めて対策授業が行われます。当然、学校ごとに出題形式や傾向はバラバラなので、それぞれに特化した授業を受けることはできません。

つまり、**ほとんどの子は大手塾で十分な志望校対策ができていない**のです。そうなると、自分の志望校に特化した対策をきちんと行った子たちは、圧倒的に有利になります。私たちの塾でも、本人の得意不得意や志望校の傾向に合わせた個別カリキュラムを組んで志望校対策を進め、大逆転合格を果たした子たちをこれまでたくさん見てきました。

前提として、この志望校ごとの対策をするためには、時間の余裕が必要です。

塾の授業の時間や宿題を行う時間を考慮した上で、過去問を解き、傾向を分析し、その中で自分ができていない部分を確認し、できるようにするための単元別の補強をしなければいけません。6年生になると、各塾で土日を中心に志望校対策講座が始まりますが、本当にその授業を受けることが適切な対策になっているかをきちんと判断し、過密なスケジュールになっていないかをよく確認するようにしましょう。

「時間の確保」に加えてもう一つ大事なのが、「志望校に関しては合格ライン」という基準で取り組むことです。それはつまり、各教科ですべての単元がまんべんなくできている状態を目指すのではなく、**「志望校頻出の単元には強い状態」を目指す**ということです。

私はよく体操選手にたとえてこの話をしています。元体操競技選手の内村航平選手は、どんな種目も万能にできるオールラウンダーです。だから、個人総合で連勝・連覇を成し遂げたり、金メダルを取れるわけです。内村選手を受験生にたとえると、普段の模試で偏差値70台を連発するタイプと言えます。一方、元体操競技選手の白井健三選手は跳馬と床のスペシャリストです。総合力では内村選手にかなわなくても、跳馬と床では素晴らしい演技を連発します。

志望校対策の意味は、白井選手のような状態を作り出すことです。**総合的な偏差値では**

**合格ラインに届いていなくても、志望校の問題にはめっぽう強いという状態**を作り出せれば、「一般模試の偏差値は55なのに、志望校模試の偏差値は65」といった状況はもちろん、あっと驚く逆転合格も夢ではありません。志望校合格という目的を達成するためには、内村選手になる必要はないのです。白井選手を目指しましょう。

志望校対策を徹底的にやり切るためには、一人ひとり異なる個別の弱点をきちんと把握し、そこを重点的に対策することが肝になります。**「弱点かつ志望校頻出の単元が最大の伸びしろ」になる**わけですが、こうした志望校対策は集団塾だとどうしても難しいのが実情です。跳馬と床のスペシャリストである白井選手にあん馬や鉄棒を練習させる、そんな遠回りな学習も多くなり、いたずらに負担だけが大きくなってしまうことさえあります。

もちろん、集団塾も悪気があってそうしているわけではなく、授業の仕組み上そうならざるを得ないのです。家庭内での対策が難しければ、家庭教師や個別指導塾と併用することも検討し、わが子の志望校に特化した対策を行うようにしましょう。

Parents

## 志望校対策は、過去問を中心に学校特化で取り組もう！

# 第3章

# 整理編

# 21 中学受験で
## 合格する子は「やらないこと」にこだわり、
## 失敗する子は「やること」にこだわる。

あなたは「やることリスト」を作っていますか？

お子さんの学習を管理する方法として、最もメジャーで手軽な方法ですよね。きっと、一度はやることリストを作ってみた経験があるのではないでしょうか。

ただ、やることリストは正しく活用すれば効果の高いアプローチですが、ある観点が抜けた状態で活用しようとすると、失敗してしまうことが多くなります。

その観点とは、「**やらないことも同時に決める**」ということです。

親はどうしても、子どもにあれもこれもやらせようとしがちで、

「わが子が今すぐにやるべき学習は何か」

「1日に取れる学習時間はどの程度か」

といった基本的な視点が抜け落ちてしまうことがあります。

だからこそ、「やらないこと」も決めることで、「やることが多すぎて、どう頑張っても終わらない」「優先順位がわからず、手をつけられない」といった状況を回避でき、そこでようやくやることリストの真価が発揮されます。


ロバート・チャルディーニ博士の著書『影響力の武器』（誠信書房）の中で、人間の意思決定に関するおもしろい実験が紹介されています。あるスーパーのジャム売り場に試食品を置いて実験を行ったところ、ジャムの種類の数によって、立ち寄った人がジャムを購入する割合が変わることがわかったのです。具体的には、

パターンA…24種類のジャム　↓　立ち寄った人の3％が購入
パターンB…6種類のジャム　↓　立ち寄った人の30％が購入

と、実に10倍もの差がつきました。種類が多い方がより好みに合ったものを選べそうで、買う人も増えるような気がしますが、実際にはそうならなかったのです。

これは「**選択肢の矛盾理論**」と呼ばれており、**人は選択肢が多ければ多いほど決断することができなくなる**という事実を示しています。

なぜこのような現象が起こるのかというと、多すぎる選択肢が意思決定に必要なエネルギーを私たちから奪うためだと言われています。

この実験からもわかる通り、「やることが多すぎる」状態は子どもにとってはストレスで、やる気を削いでしまう原因にもなります。

あっちの塾の模試もこっちの塾の模試も受けさせよう。

あのテキストがいいらしい。

過去問も古いものまで手に入れてやってみよう。

入試本番が近づくと、ついあれこれ手を出したくなってしまうものですが、成果を出そうと思ったら、親がやることとやらないことを決める、取捨選択を手伝ってあげる必要があるのです。

やるべきことを絞り込んでも、もしさまざまなものに取り組む必要があるなら、せめてスケジュールを立てて、いつ何をやるか迷わないようにすることがオススメです。

週単位で何曜日に何をやるか、ルーティンを作るのもいいでしょう。

これらはマクロな視点での取捨選択ですが、ミクロな視点でも考えてみると、「問題集の応用問題はやらない」「塾の宿題を全部はやらない」といった取捨選択も効果的です。大手塾で成績が伸び悩み私たちの塾を併用し始める子に対し、大手塾の宿題を一部カットするアドバイスをすると、憑きものが取れたかのように成績が伸びていくことがあります。要はそれまでが消化不良の状態だったのです。ほとんどの子にとって、大手塾の宿題は多すぎます。

「やらないことを決め、やると決めたことに集中する」という行動は、試験本番の「わからない問題は飛ばし、解けそうな問題を確実に解く」という行動にも通ずる部分があります。**「やらないと決めたことはやらない、それは決して悪いことではない」**という感覚が備わっていれば、試験本番でも自分の解くべき問題に集中できます。

やるべきことの取捨選択は、日頃の学習効率を上げるだけでなく、試験本番で実力を最大限発揮できるようにもなる手法です。まずは、お子さんと一緒に「やらないことリスト」を作るところから始めてみてくださいね。

Parents

## 親はやらないことを決め、子どもの迷いを消し去ろう！

# 22 中学受験で 合格する子は小分けにし、失敗する子はまとめて片付ける。

子どもが宿題にギリギリまで取り組まないで、土壇場で一気に片付けるのはよく見る光景です。

当人に言わせれば「言われたことはやったのだから文句はないだろ！」なのでしょうが、果たしてそれでいいのかと言われれば、当然ですが「いいえ」です。

ここで大切なのは、お子さんに「そもそも宿題は何のために行うのか」という質問を投げかけることです。

もしかすると「やれと言われたから」という何ら主体性のない答えが返ってくるかもしれません。これはもはや「仕方なくイヤイヤ解いている」ということになりますので、ここでしっかりと「宿題に取り組む意義」を確認しておく必要があります。

宿題に取り組む意義、それは教わった知識をしっかりと定着させることです。問題演習を数多くこなすことで正答を導き出す手順を体に覚え込ませることができます。

これは勉強だけに限った話ではなく、他の習い事やスポーツなどにおいても、いわゆるアウトプットは重要です。アウトプットの大切さは第2章でも書いた通りです。インプットだけで身につくことはたかが知れており、やはりアウトプットを行うことで初めて実力は身につくものです。

漢字ドリルや計算ドリルを、日々の学習計画に盛り込んでいるご家庭は多いですよね。1日10分前後、この手のものを**毎日こなす習慣が身についているお子さんは、やはり安定した成績をおさめる**ものです。

ここで重要なのは「日々」とか「毎日」といった言葉です。

これらのドリルは、編集上「1日1ページ」といった構成が多く、取り組んだ日付を記入する欄もありますので、このような習慣を身につけるのは比較的簡単だと思います（もちろん三日坊主で終わってしまう場合もありますが）。

毎日取り組む利点は「感覚が抜けにくくなる」ことです。

ここでひとつ比較してみましょう。

A君は「毎日10分間、ドリルを解く」、B君は「1週間に1回まとめて70分間解く」とします。

1週間あたりの学習時間は同じ70分なのですが、学習効果はA君の方が高いでしょう。

B君の学習法は何が問題なのでしょうか。

1日に70分詰め込んで解いた方が、徹底的に解くことでむしろ身につきやすいという考えもあるかもしれません。ただ、別の視点から見ると、A君が1日10分とはいえ毎日ドリルに接しているのに対して、B君は6日間全くドリルを解いていないことになります。

人間は時間の経過とともに、記憶やスキルが低下していくもの。それはどんな人でも避けて通れません。そのため、低下した分を取り戻す行動が必要になるわけです。

A君の学習法は**日々取り組むことで、「低下しては取り戻す」を繰り返し、記憶を強固にしていくことができます**。まさに「継続は力なり」というわけです。

一方でB君の学習法は取り戻すとは程遠く、むしろ6日間でしっかりと抜け落ちることにもなりかねません。まとめてやろうと思った日に行事が入ったりしてできなくなる場合もあります。

合格するためには、この「**毎日こなす習慣**」は有効です。いろいろな理由で宿題に取り組めない日が発生したとしても、傷を最小限に抑えることにもつながります。
うちの塾でも、算数が苦手で悩んでいる子に対しては、ドリル的な計算・基礎力トレーニングだけは必ず毎日やるように指示することがあります。1日せいぜい15分程度のものですが、これをコツコツ頑張ったことで成績を伸ばし、大手塾の真ん中付近のコースから最終的に御三家レベルの学校に合格したというような事例もあります。

特に集中力があまり続かないお子さんに対しては、ぜひ普段からの宿題を日々小分けにして取り組むことをオススメします。いろいろな教科の宿題を小分けにして取り組むことにすれば、たとえば15分ごとに教科を切り替えることも可能です。
60分ダラダラとあまり好きではない算数を続けるよりも、時には算数・国語・理科・社会をそれぞれ15分ずつ取り組んだ方が、お子さんのモチベーションも上がると思います。

Parents

## 毎日コツコツやることの大切さをしっかり伝えよう！

## 23 中学受験で合格する子はノートが地味、失敗する子はノートを飾り立てる。

授業ノートにおいて一番大事なことは、自分が見返して授業の内容を理解することができるか、復習できるかどうかです。

自分で何が書いてあるのか読めないほど字が汚いのは言語道断ですが、**必要以上にキレイである必要はなく、カラフルさより、理解しやすさに重点を**置きましょう。

成績が伸びない子は、ノートをキレイに作ろうと、色分けなどにこだわるあまり、授業の内容を理解することを二の次にしてしまいます。

そのためいくらカラフルに仕上げたノートでも、あとで見返したときに内容が理解できません。授業の内容がそもそも頭に入っていないからです。さらに恐ろしいことに、ノートを仕上げられた達成感で「理解した気になってしまう」ことも往々にして起こります。

また、見栄えを重視するあまり間違いを極力避けようとして、理解していないのにさも理解したかのように正解を書き込んだノートを作ろうとする危険性もあります。それでは成績は伸びません。

この傾向は女子に多いと言われていますが、コツコツとノートを取ろうとする姿勢があるからこそ、視点を変えれば成績がアップする可能性は十分にあるとも言えます。

成績が伸びる子は、**授業ノートを取ることよりも、授業の内容を理解することを重視**しています。板書には書かなかった雑談の中にある重要なことも、ノートに残します。

板書を取ることに集中していては、先生の話を集中して聞くことができず大事なポイントを聞き漏らすことも起こり得るので、この姿勢は成果に大きな違いをもたらします。

もし、授業の中で疑問点があればそのこともノートに記録すること。何が理解できて何が理解できていないのかが、あとから見てわかるからです。

地味に見えるノートであっても自分が見やすい、内容が整理されたノートであることが大事なのです。

では、成績が伸びる子はどのようにノートを取っているのでしょうか。
成績が伸びるノートを取るコツは大きく分けて3つあります。

**①板書の丸写しにこだわらない**

授業のノートは必ずしも板書の丸写しである必要はありません。全く同じではなくても自分で理解した上で、内容をまとめることが大事なのです。あとで見返したときに授業を思い出せるよう、先生の小話や、自分がそのときに考えたことをメモするのも効果的です。

**②マイルールを作る**

ノートに色を使うこと自体は悪いことではありません。自分なりにわかりやすいよう重要な箇所には赤色、過去の学習内容を振り返るべき箇所は青色など、明確なルールを設けて見やすいように工夫しましょう。

**色は3~4色程度**がオススメです。色だけでなく、見出しの大きさや位置を揃えるなどの工夫をしてもいいでしょう。キレイなノートを取ることにこだわりすぎることはマイナスが大きいというだけであって、あえて地味にするために色を全く使ってはいけないということではないのです。

### ③余白を作る

ノートの見やすさは、色使いではなく、むしろ余白で作るものです。余白がなく、ぎちぎちに書いてあるノートは読みやすいでしょうか。余白があることで、見直して気づいたことなどをあとからメモすることもできます。

授業の内容をきちんと理解してノートを取り、その上で見返して復習することが成績アップにつながります。自分にとって頭に残りやすいノートづくりを心がけていきましょう。そのために、親は見た目のキレイさではなく、必要な要素が整理して記されているかという判断基準で子どもにノート指導をすることが大切です。

Parents

## 子どものノートを見て、授業の内容がきちんと理解できているか確認する！

24

# 中学受験で合格する子は親が教材を管理し、失敗する子は誰も管理しない。

中学受験に限らず、勉強には振り返りが必要です。テストで○がついたところはもう一回○がもらえるように、×がついたところは次の○につながるように、学習した内容をしっかり復習する必要があります。

ただし時間は有限ですので、できる限り効率的に復習を行いたいですよね。

同じ量の間違いをしていたとしても、それを素早く確認して復習を終え、次のテストに向けた勉強や予習に励む子と、ダラダラと復習に時間を使ってしまう子では、当然前者の方がより多くの知識を得られますし、成績も伸ばしやすいのです。

そしてこの復習をしやすくするために必要なことが、「教材の管理」です。

大抵の場合、復習するときは自分の答案や解き跡とテキストやプリントに書いてあることを見比べながら、どう考えれば正解だったのかを検討していきます。

参照するべき教材がしまってある場所がわからないと、「どこにやったっけなあ」と探す時間が生まれて、大切な勉強時間が削られてしまいます。

その一方で、教材の管理ができていると、スムーズに復習できます。たとえいったん手に取った教材にほしい情報が書いていなかったとしても、管理が行き届いていれば「じゃあ、こっちに書いてあるかな」と別の教材へと速やかに移れて、サクサク勉強が進んでいくわけです。

でも、ほとんどの小学生はこのような整理整頓を苦手としています。まだまだ子どもですから、無理もないことです。

そこで教材の管理は、芸能人のマネージャーが本人に代わっていろいろと管理してサポートするように、親御さんがサポートしていくのがいいでしょう。

勉強しやすい管理の仕方は人それぞれですので、ここでは管理にあたっての整理のポイントを3つご紹介します。

### ①教科ごとに分ける

算数・国語・理科・社会と**4教科に分けて、収納する場所を揃え**たり**ノートの色を揃え**たりすることで、それぞれの教科ごとに統一感を持たせるオーソドックスな方法です。

算数の復習なら算数、理科の復習なら理科といった具合で、今学習している教科の復習に役立つ教材が見付けやすくなり、探す手間がかなり省けます。

### ②種類や使い道で分ける

テキスト・プリント・テスト・ドリルなどの教材は、難易度や使い道がそれぞれ違います。多岐にわたる教材を種類や使い道という軸で分類すると、朝起きて取り組むのはドリル、基本を確認したければテキスト、過去の自分の思考の道筋をたどりたければテストやノートなどと、今の自分にとって必要なアイテムが探しやすくなります。

### ③学んだ時期ごとに分ける

教材を過去に取り組んだもの・現在取り組んでいるもの・将来取り組むべきものに分類します。学年や学期という軸でもいいでしょう。

たとえばかけ算を知らなければ割合の考え方が理解できないように、中学受験で学ぶことは低学年からの積み重ねで成り立っています。そのため復習のときにも、今学んでいるよりも前の範囲を参照した方がよかったり、反対にこれからどんな単元につながるのかを先の範囲で確認しておいた方がよかったりすることがあります。学んだ時期ごとに教材が管理されていれば、こうした深掘りに役立っていくわけです。

身の回りのものの整理や管理は、大人でもなかなか難しいものです。子どもはできなくて当然と思っておいた方が親の精神衛生上もいいでしょう。

たとえ教材が散らかっていても、むやみに子どもを叱って片付けさせるのではなく、「よし、ここは私の出番だ！」とポジティブに捉え、教材の管理をサポートしてあげてください。

Parents

## 親の教材管理は子どもの成績アップに直結する！

# 25 中学受験で合格する子はテストに一期一会で向き合い、失敗する子はテストの出来に一喜一憂する。

模試やテストの結果が返ってきたときの対応で、その後の成績の伸びには違いが生まれます。単に偏差値だけ見て「偏差値が上がった、やったぁ！」で終わったり、「偏差値が下がってしまった……もう志望校の受験をあきらめようかな……この偏差値で行ける学校を探さないと……」と卑屈になったりすることが最もよくない思考・行動です。**結果に振り回されている**のです。

模試の**結果に一喜一憂するよりも、今後につながる分析を**してみましょう。今回は偏差値が上がった場合を想定してお話しします。偏差値が上がっても分析は必要です。

**①テスト前の勉強方法**

テストもいわゆる公開模試から月例のテストまでいろいろあります。公開模試は今までの学習範囲からランダムに出題され、月例テストは出題範囲が限定的なことが多いです。公開模試に向けて今までの全範囲を復習するような勉強を行って偏差値が上がったのであれば、その勉強方法を継続する価値がありそうです。一方で月例のテストで、付け焼き刃的に出題範囲だけ勉強して偏差値が上がったとしても、それを継続的に覚えていられるとは限らないので、テスト以降に定着の確認が必要になります。

## ②今回の出題単元

6年生の公開模試は志望校別のものなど、出題単元が偏ることもあります。偏差値が上がった場合、その原因となった出題単元があるはずです。その単元については受験で出題されても解けそうだという指標になります。ただ、逆に言うと、模試で出題されなかった単元については解けるかどうかわからない状態なので注意が必要です（実は同じ単元であっても、別の問題だったら解けない可能性もあるので安心はできませんが）。

## ③正解していた問題の出題形式

出題形式に救われた可能性もあるかもしれません。たとえば、今回のテストでは選択形式だったから正解できたとか、計算問題の過程は見られない問題で結果だけ合っていたとか。志望校別の模試でない限り、受験校の実際の出題形式とは違う場合が多いので、受験校の試験問題と同じ形式でも正解できたかは確認するといいでしょう。

## ④志望校の志望者中の順位

5年生以降の公開模試では、受験者が志望校を書いて、志願者数とその中での順位が結果に出るものも増えてきます。受験直前まで志願者数は変動しますが、自分が現時点で合格圏内なのかは偏差値よりも順位で見ましょう。その模試の志願者数が例年と比べて少ないようなら割合で考えて、合格圏に入るためにはあと何点必要か、それをどの教科で取るかなどの戦略を考えることが今後の学習計画につながります。


偏差値が下がったときも、嘆くより分析をしましょう。

勉強方法は見直しの余地があるのか、できなかった単元や出題形式は何だったのか。

分析してお子さんの学習状況の把握ができれば、苦手な単元や成績が上がらなかった原因が発見できたとポジティブに捉えることもできるはずです。

模試に向けた学習姿勢については、以下の点を確認して改善するのがいいでしょう。

・模試やテストのための**勉強時間**は十分に確保できていたか
・**本番と同じ緊張感や時間の制約**を課して勉強していたか
・模試のような形式の問題で**時間配分**を考えたことがあるか

模試は、今の学習状況を100％反映しているものではありません。健康診断でいえば、大雑把な検診項目で健康状態を測っているようなものです。これで健康・不健康を判断する方が難しく、別の手段で精密に検査したら大病が見つかるということがよく発生します。

合格する子や親御さんはこの辺りをわかっていて、結果に対して冷静な判断ができます。良くても悪くても模試の問題に向き合い、その後の対策を考えます。

正解であろうが不正解であろうが、模試で出会った問題は一期一会と捉え、大切に見直すことが肝心です。

Parents

## テストの結果に一期一会の精神で向き合おう！

# 26 中学受験で合格する子は弱点を追求し、失敗する子はなんとなく「嫌い」と思う。

成績を上げる方法は大きく分けると2通りあります。得意教科をさらに伸ばすか、苦手教科を克服するかです。

得意教科はすでに得意であるがゆえに、「頭打ち」になっている可能性もあります。それ以上伸ばすのは難しいかもしれません。

だからこそ、合格のための作戦として有用なのが後者です。

苦手からは目を背けたくなるのが人間の本能ですが、志望校合格のためには苦手を苦手のまま放置しているわけにはいかないのです。

さてAさん、Bさん、Cさんが苦手について話しています。

A「ぼくは算数が苦手。嫌いだから。だけど点数は他の教科より取れることもあるな。

社会もあまり得意じゃない」

B「私は小説の読解が苦手。特に記述問題が書けない」

C「私も算数が苦手。特に場合の数の問題が、順列と組み合わせのどちらを使えばいいかわからないから、テストでも時間がかかるし、点数も低い」

Aさんのような考え方は、失敗する子に多く見られる特徴です。自分の弱点について分析ができていません。「嫌い」と「苦手」を混同している（本当は苦手ではない）可能性がありますし、客観的にどの教科や分野が弱点なのか、どのように苦手なのかについて考えていません。だから勉強の効率がグッと下がってしまい、苦手がいつまでも苦手のまま放置されることになるのです。

Bさんは苦手な教科（国語）や分野（小説の読解）についてはわかっていますが、なぜ記述問題が書けないのかというところまでは考えが及んでいません。

Cさんのような自己分析をできていれば、苦手克服の可能性は非常に高くなります。

重点的に勉強すべき教科や単元だけでなく、どのように苦手なのかもわかっているため、たとえば「順列か組み合わせを使う問題を解いて、それぞれの特徴を見付ける」という具体的な対策の方針も立てられます。さらに、時間短縮やその単元の点数アップなど、弱点が克服できたかどうかの指標もわかります。

つまり、弱点を克服するためには、自分の弱点についての細かい分析が近道なのです。いきなりCさんのレベルは難しくても、まずは教科と分野まで絞り込めるBさんのレベルまで認識できるようにするのが大切です。

弱点を分析するには、模試などを活用するのがオススメです。大手塾が主催する模試は、採点結果や解説冊子にその問題の分野や単元が書いてあります。それらを親御さんも一緒に見ながら、お子さんがよく間違える単元はどこなのかを把握していきましょう。

そして、その単元の問題をいくつか解かせてみてください。どこで壁にぶつかるでしょうか?

たとえば算数であれば、

・解き方をそもそも覚えていない
・解き方を応用できない
・図の書き方がわからない

あるいは国語の記述問題であれば、

・書くべきポイントがわからない
・ポイントはわかるがうまく文章にできない

こうした「どう間違えるのか」がわかれば、さらに細かい対策が可能になります。

そして問題を解いて弱点が克服できたら、再び模試などで成果を試してみましょう。その分野の点数が上がったり、できなかった問題ができるようになったりすれば、成長できたと言えます。

闇雲に勉強するのではなく、一度自分の弱点を分析する時間を作る。

何が弱点なのか自己分析ができれば、案外簡単に克服できるかもしれませんよ。

Parents

## 子どもの弱点が何なのか細かく分析し、それを意識した勉強をさせよう！

# 27 中学受験で合格する子は数字で把握し、失敗する子は言葉で把握する。

何かものごとを具体的に捉えるためには、言葉だけで理解しようとするよりも、数字で考えた方がいいことがよくあります。「今日はたくさん寝た」よりも「今日は8時間寝た」、単に「お小遣いをあげよう」よりも「○○○○円あげよう」と言われる方がなんだか嬉しくなるものです（金額にもよるとは思いますが）。

勉強であれば、「出来が良かった」と言ったときに、100点に近い点数なのか、いつもよりも数点良かったということなのかで出来に対する評価が大いに変わってきます。

子どもの頃にはどうしても評価の軸が自分の価値観を中心としたものになりがちなので、具体的に数字で把握することの意義になかなか気づきません。

毎週の計算テストや漢字テストであれば、受験生はいつも満点かそれに近い点数が求められます。計算や漢字といった知識に関わる内容はいつでも抜けのない状態を保つことが学力向上の基本になるからです。これらのテストでいつも7割くらいのところを、「今回は8割取れた」からと言って自分を過大評価するような状態では、まだまだ伸び代を余らせている状態になります（もちろん成長を褒めてあげることは大切ですが）。

一方で、月例のテストではそう簡単に毎回満点を取るようなことはできません。とはいえ、今回の得点が前回よりもどのくらい上がったのか、あるいは下がったのか。平均点と比べるとどれくらいの差があるのか。そして偏差値はいくつであったか。それが志望校の合格基準偏差値とどれくらい差があるのか。

合格する子は、これらの数字をきちんと意識し、合格までにどの程度の距離があるのかを把握しながら学習を進めていきます。

失敗する子の多くは、自分の力を数字で捉えることを避けたがります。

「今回はよくできた」「あまりできなかった」「これはできた」「あれができなかった」……といったレベルの捉え方で現状把握を終え、どのくらいできたか・できなかったかという「程度」の部分を非常に曖昧にしたまま学習を進めてしまいます。

自分の能力が数値化されたとしても、もし数値が良くなかったらそこから目を背け、自分の都合に合わせた言葉で出来を誤魔化すように捉えてしまうといったことが起こりがちです。結果として自分ができているものばかりをやり続けたり、できないものを無意識のうちに遠ざけてしまいがちになったりと、なかなか結果につながらない負のループに陥ってしまうのです。

点数だけではなく、勉強時間や学習量についても、合格する子は数字で把握します。「今日は時間の空きがあるから○時間勉強をしよう」といった目標を立てたり、「この問題集を○ページ解くことを今週の目標にしよう」といった計画を立てるなど、具体的な数字を掲げて学習に取り組みます。もちろんできなかった時間や間違えてしまった量などもしっかり数字で振り返っていきます。

受験勉強で得られるものはたくさんありますが、志望校への合格は、やはり中学受験をするすべての親子が望む成果だと思います。

そして合格するには、最終的に入試で他者との点数争いに勝たなくてはなりません。今の自分の状態の良し悪しを、感覚的な言葉の表現だけで捉えることは受験においては効果的な分析とは言えません。

他の受験生よりどれくらい有利な状態にあるのか、はたまたどの程度の差をつけられてしまっているのか。そうした**自分の立ち位置をきちんと数字で見極める**ことは必要不可欠なのです。

数字ばかりで現状を考えるのはいかにもビジネスライクな感じがしてしまい、子どもにそのような考え方を押し付けるのは、やや複雑な気持ちもあります。でも、結果につながらない努力の方法を続けて本番で涙を流す辛さを味わわせるくらいなら、ちゃんと数字で自己管理させる習慣を身につけさせた方がいいですよね。

もちろんこれは、大人になってからも役に立つ話です。ぜひ中学受験の勉強を通じて、この定量的な思考習慣が身につくように導いてはいかがでしょうか。

Parents

## 感覚ではなく、定量的に把握する習慣を！

# 28 中学受験で合格する子は過程を大事にし、失敗する子は結果がすべてと思う。

過程と結果、どちらの方が大事だと思いますか？

私たち大人の社会では、「結果がすべて」かもしれません。

ただ、「中学受験において、過程と結果のどちらの方が大事か」という質問ならば、私は**「中学受験においては、過程の方が重要」**と考えています。理由は2つあります。

**①過程が良ければ、どう転んでも糧になる**

正しい努力をして、その結果うまくいけば自信になりますし、仮にうまくいかなかったとしても、きちんと反省すれば次に向けた糧になります。過程にこだわれば、たとえ結果がどうであれ成長につながるのです。そして、その積み重ねが、やがていい結果をもたらします。

しかし過程にこだわらず、適当な努力をするとどうなってしまうでしょうか。

悪い結果になった場合は、言うまでもないですよね。

適当な努力をしていい結果が出たときが実は厄介で、いわゆる過信や慢心につながってしまいます。わかりやすく言えば、調子に乗ってしまうんですね。

過程にも目を向けることで、子どもを伸ばすことができます。

あなたはお子さんの模試の結果が悪かったとき、どんな声かけをしていますか？

「どうしてできないの！」などと、つい感情的に叱っていませんか？

子どもは、精神的に未熟ですから、どうしても結果に一喜一憂しがちです。だからこそ、親自身が冷静を保ち、**結果を分析し、対策を考える**、つまり過程に目を向ける必要があるのです。

模試の返却後には、「何ができるようになったのか・できていないのか」「実力が出せていたらあと何点得点できたのか」といった振り返りを必ず一緒に行うようにしましょう。

## ②中学受験は人生におけるひとつの過程にすぎない

中学受験で第一志望校に合格できるのは「3人に1人」と言われています。

裏を返せば、**「3人に2人」は第一志望校に不合格。**

だからこそ、過程にしっかりと目を向けて成長を確認していくことが、合格不合格という結果によらず中学受験をして良かったという状態に導くために大切なのです。

特に小5になった辺りで、やることが大幅に増え、そのせいで勉強のリズムがうまく作れず、テストの結果がなかなか振るわない時期が訪れるものです。そんなときに結果ばかりを見て焦っていては、うまく課題を克服し成長していくことは難しいでしょう。

そもそも小学生が、週に何日も夜遅くまで塾で勉強している。

たったそれだけでも、中学受験をしないご家庭から見たら、異様なことです。

家に帰ってきて復習をし、宿題をこなし、テストの解き直しをして……。

友達の誘いを断ってサボらずに塾に通うだけでも、数年間大変な頑張りをしているのです。

以前、開成と筑駒のみを志望校としていた生徒がいました。

戦える位置まではきていたのですが、結果は惜しくも合格に届かず。唯一合格していた有名大学附属校（人気の学校です）は鉄の意志で辞退し、高校受験でのリベンジを目指すことになりました。

その際お母さんは、結果に落胆することもなく、ニコニコと笑顔で中学受験の努力の過程を労い、本人を励ましていました。私も悔し涙をこらえつつ、熱い激励のメールを送ったのをよく覚えています。

その後、見事に高校受験でリベンジを果たし開成、筑駒に両方合格。さらにその3年後には東京大学に現役で合格しました。

## Parents

## 親は過程に目を向けさせ、いい結果へと導こう！

結果に一喜一憂することなく、「これから自分がすべきこと」を確認することが、中学受験という経験を今後に活かす上で役立ちます。

「中学受験は人生のゴールではない」、このことを忘れずにいてくださいね。

# 第4章

# 生活編

# 29 中学受験で 合格する子は習い事で気分転換し、失敗する子は習い事をやめる。

小5・小6になり、塾やテストの予定が忙しくなってくると、考えなければいけないのが習い事との両立という問題です。

少しでも勉強の時間を増やすために、習い事をやめてなくてはならないと思っている親御さんは少なくありません。

でも、合格した子の中には受験の直前まで習い事を続けている人も、実は結構います。たくさんの生徒を見てきた経験から、私は**本人がやめたい、勉強に専念したいと言うまでは習い事を続けるべきだ**と思っています。

その理由を3つ挙げます。

**①体を動かすことで、気分転換になる**

受験勉強が本格化すると、生活リズムが単調になってきます。学校から帰ってきたら塾に行って授業を受け、塾のない日も家で勉強し……

このような生活の中では体を動かす時間がほとんどありません。そんな中、たとえば水泳や球技など、スポーツ系の習い事は運動の貴重な機会になります。適度に体を動かすと、勉強の合間の気分転換になり、脳もリフレッシュしてより勉強に集中できるでしょう。

また、ピアノや絵画など、スポーツほどは体を動かさない習い事であっても、勉強とは違った頭の使い方をすることでいい頭のリセット・気分転換になります。

## ②習い事を通じて友人とコミュニケーションが取れる

受験勉強は孤独な戦いです。

塾にも友達はいると思いますが、塾は人と楽しく話すための場所ではありませんし、一人で勉強しているときはもちろん人と話しません。家で勉強していると、家族以外の人とコミュニケーションを取る機会はほとんどないでしょう。

人と触れ合わない生活をしていると「ＱＯＬ（生活の質）」や「ＥＱ（心の知能指数）」

が下がるのはよく言われることです。

その点で習い事は、そこでできた友達や先生・コーチなどと話す絶好の機会です。人と楽しく会話することでいい気分転換になり、また脳にいい刺激を与えることもできます。

## ③習い事は「中学受験後」のモチベーションに

中学受験は大事ですが、そこがゴールではありません。**より重要なのは、希望する中学に入ってどのような生活を送るか**です。「中学受験後」の生活を考えるのは勉強の大きなモチベーションにもなります。

そしてその中学生活で新しく始まるものと言えば**部活動**。継続してきた習い事は、部活動を始める上で大きなアドバンテージになり得ます。習い事を通じて自分の好きなものを知っている子は、入部する部活動も悩まずに選ぶことができるでしょう。

また遅い時期まで習い事を続けていれば、中学入学時に体力や技術、感覚がまだ残っていることも期待できます。「うまい下手」は本質的な部活動の目的でないかもしれませんが、部活動に入ったときに周りから一目置かれることは間違いありません。

さらに、習い事を通じて得た友人は、共通の趣味や嗜好を持つ大切な存在です。彼らと中学入学以降に趣味を通じて再会することを想像すれば、それは将来の楽しみ、ひいては受験勉強のモチベーションにもなるでしょう。

以上、習い事を続けるべき理由3つに共通するのは「習い事は受験勉強にプラスの側面がある」ということです。

もちろん、勉強時間は大事。習い事に熱中しすぎて勉強時間を全く確保できなくなったら本末転倒です。でも、**適度に習い事を楽しむことは、勉強をより集中させることに役立ちます。**逆に言えば、習い事をやめて勉強時間を増やしても、勉強に集中できず、かえって効率を下げることにもなりかねないのです。

だからこそ、本人がやめたい、頻度を下げたいと言うまでは温かくそれを見守り、習い事のない時間で勉強に集中させる、そのメリハリが大事なのではないでしょうか。

Parents

## 習い事は本人がやめたいと言うまで続けさせる！

# 30 中学受験で 合格する子は日々のルーティンとして勉強し、失敗する子はその日の気分で勉強する。

ルーティンとは、大辞林によると「①きまりきった仕事。日々の作業」とあります。勉強におけるルーティンとは、「朝起きて歯磨きしたら計算問題を10問やる」「学校の休み時間には歴史の教科書を読む」など、**「日々習慣としてやる勉強」**のことです。

合格する子にはこうしたルーティンがあります。

ルーティンが習慣化できている子は強いです。

**習慣化できる＝継続できる**ということ。継続できる力は一日で身につくものではありませんから、かなり意識してルーティンを決めていく必要があります。

ルーティンを決める上でまず注意したいのは、**ただやることリストを作ってそれを何時にやるか振り分けるのではない**ということです。「帰宅したら学校の宿題を終わらせる」

といった決め方でもいいですが「夕飯を食べたら塾の宿題をやる」という具合に、**生活習慣にくっつけてあげることがルーティンを習慣化するコツ**です。

その生活習慣がスイッチの役割を果たします。前述の歯磨きと計算問題の例では、歯磨きがスイッチ。夕食と塾の宿題の例では、夕食がスイッチになるでしょう。

こうして習慣化できたルーティンは、ほぼ無意識的にできるようになるものです。何をしようか迷ったり、その日のやる気に左右されたりせずに、自然と勉強に向かうことができます。

次にルーティンの効果について、もう少し考えます。

2015年ラグビーワールドカップ日本代表（当時）の五郎丸歩選手がプレースキック前にするポーズ、通称「五郎丸ポーズ」が流行したのを覚えていますか？

五郎丸選手は、腕の角度や踏み出すまでの歩数、どちらの足から踏み出すかなど、細かく条件を考えて、そのポーズをするとうまくプレースキックが決まることを、練習で繰り返し確認していたそうです。

こうしたルーティンは「うまくいったときと同じ精神状態にする」効果があるようです。

この効果は、**自分を信じて受験に臨む**ことにつながります。

入試直前期は想像以上に緊張したり、プレッシャーを感じたり、何をしても落ち着かない状態になるものです。ルーティンが決まっている子は、余計なことを考えたりせず、**やるべきことをやればうまくいくと信じていられる**ように思います。

ルーティンというのは問題を解くときにも役立ちます。

たとえば国語の読解問題なら「傍線部を含む一文に指示語や接続語がないか探そう」という**思考ルートをルーティン化**することができます。受験会場で緊張のあまり、問題用紙を見て頭が真っ白……となる子もいる中で、思考ルートのルーティンがある子は、落ち着いて問題に対処できると言えるでしょう。

私たちの塾では入試当日の応援で、単に頑張ってねと声をかけるだけでなく、「わからなくなったら、まず〇〇しようね！」と声かけをして、思考ルートのルーティンを確認したりもします。**ルーティンはいざというときのお守りに**もなり得るものです。学習の習慣化や、どうしていいかわからなくなったときに役立つ思考ルートのルーティン化について、意識的に取り組んでみてはいかがでしょうか。

日常は想像以上に不測の事態の連続です。
学校行事、習い事、旅行、帰省などカレンダーに書き込まれるような行事だけでなく、大なり小なりいろいろなことが起こるでしょう。お子さんの体調がいつも優れているとは限りませんし、メンタル面でも好不調があります。

**いつ何時、何が起こるかわからない。**

そう理解した上でルーティン化を考えていきましょう。
つまり、**何か特別なことがあったり、不測の事態が起きたりしても継続できるルーティンにしておく**ことが、継続するためのコツでもあるのです。その観点では、歯磨きの後の10分、休み時間の10分というような、隙間時間を利用するようなものが好ましいと言えます。

壮大な計画にすればするほど、割と簡単なことで崩れてしまいがちです。千里の道も一歩から。小さなルーティンをコツコツ習慣化することから始めてみましょう。

Parents

## 子どもだけでなく、親もぜひルーティンを！

# 31 中学受験で
## 合格する子はゆっくりご飯を食べ、
## 失敗する子はご飯をかきこんで机に向かう。

「早くご飯を食べて勉強しなさい」と子どもを叱ったことはありませんか？

実はそのお説教、子どもにとっては逆効果かもしれません。

受験に合格するという目標を達成するために多くの親御さんが意識するのが、勉強の習慣や姿勢です。でも、ここで取り上げたような食事のシーンでも、合格と不合格を分けるポイントがあります。

合格するためには、ゆっくり食事を摂るのがよく、急いで食事を摂らない方がいいと言われたらどう思いますか？

「逆ではないか」と思う人も少なくないかもしれません。というのも、急いでご飯を食べられればその分の時間を勉強に費やせるのに対し、ゆっくりご飯を食べていたら勉強に取り組む時間が減ってしまうと思うからです。

確かに時間の割り振りで見れば、勉強以外の時間をとことん削った方がいいように思えます。しかし、勉強の効率・家族との団らんという2つの側面に注目すると、急いで食事を摂ることが逆効果だとわかるのです。

## ①急いだ食事は勉強の効率を悪くする

この本を読んでいる親御さんの中には、子どもがご飯を食べた後なかなか集中してくれないと感じた経験のある人もいることでしょう。「たくさん食べれば脳に栄養もいくはずなのになぜ？」という疑問が湧くところですが、その背景には急いだ食事が関わっているかもしれません。

人間の体は、まず食べ物の中の糖が小腸で吸収され血液に取り込まれ、血液中の糖が増えていくとインスリンが分泌され、このインスリンの働きにより細胞内に運ばれた糖がエネルギーとして使われたり貯められたりしていくというメカニズムで成り立っています。

そのため食事は血糖値の上昇と低下に密接な関係があります。

このうち注意したいのは血糖値の低下です。

脳に供給されるはずの糖まで減るため、次第に人間の頭はエネルギーが足りなくなり、ボーッとしたり眠気やだるさに襲われてしまうのです。この症状は血糖値の低下が急であればあるほど強くなるのですが、血糖値の急低下は急上昇の後に発生するものなので、血糖値の急上昇がつまりは集中力の低下につながっていると言えるわけです。

**短い時間でたくさん食べようとすると血糖値が急上昇し、その後に起こる血糖値の急低下のせいで勉強に集中できなくなる。**だから、早食いは勉強の効率を悪くすることにつながるのです。

### ②急いだ食事は家族団らんの時間を減らす

食事はエネルギーを摂るためのものですが、**一緒にご飯を食べる相手と話す**機会になるということも、食事の大事な意味のひとつだと言えます。そんな団らんの時間が減ってしまうとどうなるでしょうか。

中学受験とは自分との戦いであり、どんな子でも勉強の疲れや不安を少なからず抱え込んでいます。そのようなストレスは周りに打ち明けると解消できるものですが、勉強漬けだとそんな時間もなかなか取れません。

そんな中で、食事シーンは勉強と離れていられる時間ですので、子どもにとっては貴重なリフレッシュの機会でもあります。ゆっくりと食事を摂る中で会話ができれば、子どもにとって勉強の励みにもなり、前向きに日々過ごせるようになるという＋の効果が期待できます。

もちろん、子どもに急いでご飯を食べさせないといけないタイミングもあるでしょう。

そういうときは食事の量を減らしたり食べる食材や順番を工夫するなどして血糖値の急上昇をできるだけ防いでみたり、失われてしまう家族団らんの時間を別に設けたりすることで、ぜひフォローしてあげてくださいね。

Parents

## 親と一緒にゆっくり食事を摂ることで集中力向上とメンタルケアにつなげる！

## 32 中学受験で
## 合格する子は文章で話し、
## 失敗する子は単語で話す。

先生：「日本で夏が暑かったり、冬が寒かったりするのは何でだっけ？」
生徒：「公転してるから」
先生：「何が？」
生徒：「地球」
先生：「何の周りを？」
生徒：「太陽」
先生：「太陽の周りを公転しているだけで、昼の長さが変わるかちょっと考えてみようか」（図を描き始める）
生徒：「あ！　地軸！」
先生：「地軸が？　何？」

生徒：「傾いている！」
先生：「そうだね。全部整理して答えてみようか」

理科の授業のワンシーンです。この後、生徒が冒頭の問いに対して正しい解答を導き出せる可能性は残念ながら低そうです。**知識が単語レベルでしか頭に残っておらず**、文で解答するには主語・述語の関係、助詞の使い方など、考えることが多くて難しいからです。実際、理科や社会で問われる短文解答でさえ、いわゆる「てにをは」で間違える生徒は少なくありません。

実はここでつまずく生徒の問題の根底は**国語力不足**にあります。
「国語力」を、ここでは文章に書かれていることを読み解く読解力と、自分が考えたことを文章で表現する作文力としましょう。
たとえば算数の文章題では、算数特有の言い回しを訓練すればオーソドックスな問題は解けるようになります。ではどこで読解力の差が出てくるかというと、受験問題で初めて見る情報や、その場でルール説明が入るような問題です。

難関校ほど入試問題は説明文（小問に入る前のいわゆるリード文と呼ばれる部分）が長い傾向にあり、受験時間内に文章を読み解く力が必要になります。過去問は早めに見て、リード文が長い問題が出るかどうかを確認して、読解力の練習が必要かを見極めた方がいいでしょう。

また思考力を問うために、身近な事例を考えさせ、説明させる問題を出す学校が増加傾向にあります。たとえば新型コロナウイルス感染症のまん延から「ニューノーマル」という言葉が話題になりましたが、理科や社会の時事問題でこのニューノーマルに関する受験者の考えを聞きたいという意図の問題や、ＳＤＧｓのある目標（たとえばジェンダーや難民問題）についての考えをまとめさせる問題が出題されたりします。

文字数の指定をしていることは少なく、それほど長い文を書かなくてもいいとはいえ、大学受験の小論文のようなテーマが中学受験で課され、作文力が要求されるようにもなってきているのです。

こうした問題への対応力には、**日頃から文を意識して話しているか**が影響します。

普段から単語でしか会話しない子が、受験で唐突に出くわした問題に文で解答することはできません。子どもと会話する際、たとえば学校であった出来事を聞くときに、単語ではなく文で語るように練習しておくことは、普段からご家庭でできる受験対策と言えます。

読解力や説明の意図を理解する力を向上させる訓練としては、**人の話をよく聞く**ことも大切です。この「人の話」というのは親である必要はなく、テレビのニュースや番組、学校の先生、時には教育系YouTuberなど誰でもいいのです。

親御さんは、「何て言ってた？」とか「何がおもしろかった？」と聞くので十分です。そのときに子どもが要約して回答してくれればいいですが、単語や断片的な記憶だけだったとしたら、今度はメモを取りながらでもよく聞いて話をするよう促してみてください。それが、正確にものごとを伝える練習になります。

こうした日常の文章によるアウトプット訓練が、受験勉強のみならず大人になっても仕事で役に立つ、確かな国語力・表現力につながっていくのです。

Parents

**家庭内の会話もなるべくしっかりと文で行うことを心がけよう！**

# 33 中学受験で 合格する子は朝型の習慣を作り、失敗する子は年末特番に負けて夜更かしする。

スマホやタブレットは非常に便利な一方で、使い方を間違えれば受験生にとって非常に厄介で、生活リズムの乱れも引き起こします。YouTube のおすすめ動画を見続けていたら、いつの間にか日付が変わっていた……こんな経験、誰にでもあるのではないでしょうか。現代社会では、**気を付けなければ生活がどんどん夜型になってしまう**リスクがあります。

そんな中、合格に近づくには、生活を朝型にする必要があります。理由は主に2つ。ひとつ目は**脳を最大限に稼働させるため**です。夜は学校・塾などを経て、脳が一番疲れている時間帯。そこで勉強をしても、最大のパフォーマンスを出すことはできません。夜更かしをせずに朝すっきりと目覚めて、冴えた頭で学校や塾の授業を受けたり、自習したりすることで、勉強の効率も上がるはずです。

そして、もうひとつが「本番の試験時間」です。ほとんどの学校の試験は午前中。実際に最初の科目が始まるのは朝の9時や、早い所では8時台からの学校もあります。そこから逆算すれば、起きるのは5時から6時くらい。受験生は**朝早く起き、そして朝早くに実力を発揮する**必要があるのです。

それでは、どうすれば朝型の生活リズムを作ることができるのでしょうか？

ここからは、朝型に変えるポイントや注意点について2つ説明していきます。

## ①模試を活用して試験当日の生活を知る

塾などが主催している実力テストや志望校別模試は、試験当日の開始時刻や時間割を意識して時間設定をしているものもあります。また、より本番の雰囲気を意識させるために学校に近い会場で行われることもあり、本番の予行演習として使わない手はありません。

そこで、**模試を本番だと想定し、そこに合わせて生活リズムを作り変えていく**ことをオススメします。事前に早起きの習慣を作っておいて、模試の当日もすっきりと朝から頭を働かせられるようにしましょう。

夜型から朝型へ変えるのは簡単ではないので、自分が生活リズムを変えるためには何日必要なのかを知る目安にもなります。

## ②休暇中の生活には注意する

普段の生活であれば学校があるため、遅くまで寝ていることはまずないのですが、注意すべきは夏休みや冬休みなどの休暇期間。特に冬休みは受験が近いのに、お正月のテレビ特番など夜更かしの「誘惑」がたくさんあります。

休暇期間に、せっかく作った朝型の生活リズムが乱れてしまうと大ピンチです。

オススメしたいのは、**朝に外に出て勉強をするきまりを作る**こと。たとえば朝の時間帯に塾の講習を入れる、○時から図書館や塾に行って自習する……などです。こうすることで、起床〜勉強へというリズムを作れますし、当然ながら夜更かしはできなくなります。友達と誘い合わせて自習室に行く約束をするなど、「人の力を借りる」のも効果的です。

本番前になると、不安もあって夜遅くまで勉強してしまう受験生も多いかもしれません。でも、前述した理由から、**受験前こそ朝型のリズムにする**必要があります。もちろん直前まであきらめず勉強することも大事ですが、それよりも本番で実力を出すことが最優先です。いくらたくさんのことを覚えても、眠くて思い出せなければ意味がありません。

「〇時までには寝る」と予め決めておき、その直前には暗記など寝る前の効果が高いと言われている勉強をするなど、「寝る前のルーティン」を作ればベストです。

さらに**寝る前にスマートフォンやタブレットなどの電子機器に触れさせせない**ことも重要です。電子機器の液晶画面から出る光には、ブルーライトが多く含まれています。ブルーライトを浴びると、脳が日中だと勘違いし、睡眠に必要なメラトニンの分泌が妨げられて、良質な睡眠を取れません。そして何より刺激的な内容が多いです。

結局のところ、**大事なのは早く「起こすこと」ではなく早く「寝かせること」**です。早く寝ることを習慣づけると、睡眠時間が確保できるだけでなく、毎日の睡眠のサイクルができて、疲れもうまく取れ、記憶の定着もよくなるはずです。直前期に限らず、ぜひ普段から心がけるようにしてください。

Parents

## 朝にすっきりと目覚めて勉強する生活習慣を！

# 34 中学受験で合格する子は休憩で漫画を読み、失敗する子はYouTubeを観る。

勉強の休憩の時間、お子さんはどのように過ごしていますか？

体を動かす、本を読む、ゲームをする、仮眠を取るなどいろいろな休憩方法がありますが、ここでは手軽な気晴らしである漫画とYouTubeの2つについて考えてみます。

元気いっぱいの小学生もこの2つに触れている間は静かになるので、おとなしくさせたいときに漫画本やタブレットを渡したことのある親御さんも少なくないでしょう。

でも、漫画とYouTubeという身近な娯楽のうちのどちらに多く触れているかで、合格力に差が生まれる可能性があります。もちろん勉強そのものへの姿勢が重要なのは言うまでもありませんが、些細なことが勝負を分けてくるのが受験です。

今回は漫画を読むことにあってYouTubeを観ることにはないメリットを紹介していき

ます。

## ①漫画は長い時間読みすぎてしまうことがない

YouTubeには毎日たくさんの動画があげられていて、その数は無限にも等しいです。さらにおすすめ機能もYouTubeには搭載されているので、延々と動画を観ることができてしまいます。

でも、紙の漫画には限界があります。漫画には１話・１巻といった明確な区切りがあり、たとえ続きが気になっても買ってないものは読めないので、YouTubeと違って無限に時間を費やしてしまう危険性がほとんどありません。また買わないと続きが読めないということから、「勉強が終わったら・テストでいい点が取れたら続きを買ってあげる」という約束を取り付けられれば、子どものモチベーションアップにつなげることもできます。

ただし、今の時代はネットでの漫画読み放題系のサービスもあるので、それだと延々と読めてしまうリスクがあります。そうしたサービスは受験という観点では避けるのが無難でしょう。

ます。

## ②学びを得ることができる

漫画は時に、知識を広げてくれる手段になります。

『日本の歴史』をはじめとして、受験に登場する知識を学べる学習漫画がたくさんあります。

学習漫画カテゴリーだけではなく、たとえば人体の免疫構造をコミカルに描く『はたらく細胞』、ファンタジーな世界観でありながら現実の物理や化学の要素が登場する『Dr.STONE』など、おもしろさを感じながら学びを得るのにぴったりな作品もたくさん存在します。大人が読んでも十分おもしろいです。

YouTubeにも学びの機会になる動画はありますが、子どもには勉強をテーマにした動画は魅力的に感じにくいようです。

またもし観ていた動画に勉強と関連する事柄が出てきたとしても、**受動的に映像を見続けるYouTubeでは「ふーん」という程度で情報をスルーしてしまいやすい**ものです。

一方で漫画は、後述するように登場人物に寄り添ったり世界観の中に浸ったりする機会がある分、YouTubeより能動的で、それゆえ興味を抱いたものごとが記憶に残りやすいというわけです。

### ③漫画は感情移入できる

漫画にはさまざまな性格のキャラクターが登場し、ほとんどの人が登場人物に共感したり寄り添ったりしながら読んでいることでしょう。強敵に立ち向かうときのハラハラ、好きな子と話すときのドキドキ、大冒険を前にしたワクワクなど、自分以外の誰かの気持ちを想像する機会が漫画を読むことにはあるのです。

でも、YouTubeを観るとき、感情移入の機会はほとんどありません。特に小学生が観るような動画はポップでキャッチーなものが多く、楽しい・おもしろいという感情は得られるでしょうが、それ以外の気持ちを味わう機会に欠けています。そのような動画はいいリフレッシュにはなっても、共感能力に関しては育ちにくいです。

感情を想像するのは国語の小説を読み解くのに必須な能力ですし、それだけでなく日常生活で他人と付き合っていく中でも必要な能力だと言えます。

こうした能力が育まれるメリットも踏まえ、うまく漫画を活用できると理想的ですね。

Parents

## 親子で一緒の漫画を読むと共通の話題もできて一石二鳥！

# 35 中学受験で合格する子は積極的に遊び、失敗する子は遊びを後ろめたく思う。

**子どもにとって、遊びは勉強と同じくらい必要**なことであり、それは受験生であっても同じです。

また、**小学校のときにできた友達が、その後の人生で長く付き合っていく大切な存在**になる可能性もあります。別々の中学に行って離れてしまう前に、仲を深めておけるなら、それに越したことはないですよね。

これまで私が見てきた「合格した子」が遊ぶ時間を惜しんで勉強ばかりしていたかというと、決してそんなことはありません。むしろ、遊ぶ時間をほどよく確保した上で好成績を残し、そのまま志望校に合格する印象があります。

逆に、遊ぶ間を惜しんで勉強していた子が最後プレッシャーに押しつぶされ、皮肉にも受験からドロップアウトする、なんてことも……。

今回のテーマでもある「積極的に遊ぶ」とは、**遊ぶ時間を遊ぶ時間として確保し、その時間は勉強のことを考えずめいっぱい楽しむ**ことを指しています。

では、積極的に遊ぶことは何がいいのでしょうか。

一番の理由は、やはり息抜きです。いくら集中力のある子でも、ずっと勉強ばかりしていたら頭が疲れます。適度に遊んで脳をリフレッシュさせることは大切ですが、勉強のことが頭にあったらなかなか楽しむことができず、気分転換としては効果が薄れてしまいます。だから遊びは遊びとして、勉強と切り離して楽しむことが大事なのです。

とはいえ、受験勉強を控えている子どもに、積極的に遊びつつうまく勉強と両立しろと漠然と言っても難しいもの。そこでここでは、勉強と遊びのメリハリをうまくつける方法をいくつかお伝えしようと思います。

## ①遊びの時間を1週間・1日の中で決めておく

**生活のサイクルを決めて遊びの時間を確保しておくのは、メリハリをつけるために効果的**です。たとえば学校の授業が早く終わる曜日や塾のない曜日など、1週間の中で決まって時間が取れるときを「遊ぶ時間」として取っておくような方法です。あるいはお風呂に入った後など、1日のサイクルの中で決めておくのも有効です。しっかりと終わりの時間を決めておくことで遊びに集中し、気分転換の効果も期待できます。

**②○月になったら勉強に集中すると決めておく**

より長いサイクルの中でメリハリをつけるのもいい方法です。「12月になったら遊びはきっぱりと断って勉強に集中する」などと決めておき、それまでは遊びの時間を確保できるようにする、というものです。重要なのは**それまでに悔いが残らないようしっかり遊んでおく**こと。そうすれば試験直前の大事な時期に遊びたい気持ちが爆発し、勉強に身が入らないという最悪の事態となるリスクも下げられます。

**③塾の中で友達を作り、塾に行くことを楽しむ**

これは集団塾に通う受験生に特有の方法かもしれませんが、塾で友達を作り、切磋琢磨して勉強するというのも立派な「積極的に遊ぶ」方法です。たとえば授業間の休み時間や行き帰りはその友達と楽しく話す、授業のない日も友達と自習室に行き1時間おきに一緒に休憩する、などと決めておくことでメリハリをつけて勉強することができます。
私が中学受験生だった頃、上位クラスの方が休み時間は騒がしく、下位クラスは休み時間も静かに勉強している子が多いという印象がありました。それはつまり、上位クラスの子はメリハリをつけ、集中して勉強する時間と休む時間を決めているということだったのでしょう。同じ目標を持つ友達と仲良くすることは刺激になりますし、塾に行くのが楽しみになって自然と勉強を楽しく感じられるという効果もあります。

受験生だからといって遊ぶことに嫌悪感を覚える必要はありません。特に親御さんは小言などを言わないようにしてあげてください。その代わり、勉強をすると決めたら集中させることが大切です。

**遊びと勉強のメリハリをつけることで、ストレスなく受験を乗り切りましょう。**晴れて受験が終わったら、思いっきり遊べる最高の期間が待っていますから。

Parents

**遊びと勉強のメリハリをつけ、勉強にいい効果をもたらす！**

# 36 中学受験で 合格する子は親子の会話が多く、 失敗する子は親の話を無視する。

中学受験は親子の二人三脚と言われたりします。志望校合格という一大プロジェクトにおいて、子どもにとって親は最大のパートナーです。

親は子どもの頑張りを承認し、強い信頼関係で合格に向けて歩みを進めていきたいですよね。


さてそんな中、普段お子さんとどのような「会話」をしていますか？

「勉強の話をすると喧嘩ばかりで……」

「親が言っても聞かなくて……」

「反抗期に入ってしまって言えば言うほど逆効果で……」

そんなご相談を受けることがとても多いのですが、ここには親が思わずしてしまいがちな勘違いがあります。

受験生のお子さんとの会話は、とかく受験や勉強に関することに偏りがちです。

**親としては「会話」だと認識している声かけが、「○○しなさいね」という指示の類や「○○は終わっているの?」のような課題の確認であったりしないでしょうか。**

また、これは特に勉強がよくできた親御さんに多いのですが、算数や国語の技術的な解法についてのアドバイスや、時にはわからない問題の解説をすることが「会話」と捉えていないでしょうか。

これらは広い意味では会話には違いないものの、**親子の信頼を深める「会話」ではないのです。**

家庭での親子の関係と子どもの学業成績に関するある研究によると、親の「教える」という直接的関与は、どの学校段階でも学業成績には影響しないという結果が出ているそうです。

誤解のないように言っておきますが、お子さんがイヤがらず、楽しく学べるように上手に教えている親御さんはたくさんおられますし、それはとてもいい家庭の「会話」にもなっていると思います。この研究結果が示しているのは単に、「親が教えている家庭で成績が上がり、親が教えていない家庭では成績が上がらないわけではない」ということです。

つまり、**親が上手に教えている家庭の子どもが成績を上げている要因は、**親が「教えた」からではなくて、実は**いい「会話」を通じて子どもが楽しく学べている**からなのではないでしょうか。

少し話はそれますが、「私は数学が苦手で息子の算数の質問に答えられないのですが、算数の成績が伸びないのは私のせいなのでしょうか？」と相談を受けたことがあります。

今の親御さんは中学受験の経験者も増えましたし、学生時代などに塾講師の経験がある方も多いと思います。でも、**自分の子どもに教えるというのは、本当に難しい**ですよね。私も小学生の娘がおりますが、プロの私でもこの点では苦労しています。

親子の理想的な会話について、先ほどの研究では、「**中学生までは『褒めて伸ばす』**ことのプラスの効果が認められる」こと、「勉強や成績に関する親子間の会話と**親子ともに**

**信頼し合っている**ことには、学校段階にかかわらずプラスの効果が認められる」ことが述べられています。
つまり親が勉強を「教える」ことはできなくても、子どもの努力を肯定的に「褒める」ことで、成績を向上させることができるのです。

とはいえ、多感な時期のお子さんはなかなか勉強のことについて話したがらないと思います。それは「何か言われたらどうしよう、怒られるのかな……」という不安が原因であったりもしますよね。
こうした時期の子どもにきちんと話をしてもらうために大切なことは、「親が子どもの頑張りを認め、褒めること」だと私は考えています。簡単に言うと、**「親との勉強の話＝褒めてもらえる！」という認識を作り出す**ということです。
ぜひご家庭で勉強の話をする際に、お子さんができるようになったことを具体的に褒めてあげてみてください。いい「会話」が増えて、きっと合格の可能性が上がるはずです。

Parents

## 親は子どもがやる気になる会話を心がける！

# 第5章

# 本番編

# 37 中学受験で合格する子は受験パターンを悲観的に考え、失敗する子は楽観的に考える。

小6の秋は、いよいよ受験パターンを意識し始める頃です。第一志望校は変えないでおくか、併願校はどこにするか、合計何校受験するかなど、親子で一緒に考えていくと思います。

中学受験では、高校受験や大学受験では見られない、多彩な受験パターンが存在します。たとえば、午後入試を活用して一日に午前と午後の2度試験を受けたり、合否が試験当日に出る学校も多いので、当日の結果を踏まえて翌日以降の受験校を変更したり、といった状況が想定されます。

そのため、入試当日までの間はもちろん、1校目の受験を終えた後も気を抜かず、子どものコンディションや合否状況を考慮して、臨機応変に受験計画を見直したり変更したりする必要があります。

この受験パターンを楽観的に考えるか、悲観的に考えるかは合否の明暗を左右すると言っても過言ではありません。そして、合格する子の多くは、受験パターンを悲観的に考えています。

受験パターンを考える際の理想は、事前に悪い事態もあえて想定する、つまり、**悲観的に計画して、楽観的な気持ちで受験当日を迎える**ことです。

受験パターンを考える際には、3つのポイントを意識しましょう。無謀な計画で子どものモチベーションを下げてしまうといった事態を避け、子どもがなるべくいい気分で当日を迎えることができるようにするのが大切です。

## ①4つの軸で決める

どのような観点で受験パターンを決めていけばいいのかについては、第一志望校、実力相応校、安全校、練習校、これら4つの軸で考えるとスムーズです。

**第一志望校**――自分が最も行きたい学校

| | |
|---|---|
| **実力相応校** | 自分の実力とほとんどイコールの学校。この実力相応校が第一志望校になることもある |
| **安全校** | 余裕を持って合格できる学校。「自分の平均偏差値より5ポイント程度下」が目安になる |
| **練習校** | 安全校よりもさらに余裕を持って合格できる学校。本番の空気感に慣れるために受験する |

## ② 1月受験をする

本命校の受験を迎える前に「練習校」を受けましょう。

2月入試の学校が第一志望校なら1月に、1月入試の学校が第一志望校なら1月10日までのどこかで一度受験しておきたいところです。たとえば、宮崎日大や長崎日大、佐久長聖などの学校は1月受験校としてよく名前の挙がる学校です（首都圏で受験可能）。

1月受験を推奨する理由は、本番独特の空気感に親子で慣れることができるのと、第一志望校の前に合格を手に入れておくと精神的な安心材料になるからです。

何かとアクシデントが起きがちな入試当日を、第一志望校の前に最低一度は経験しておくといいでしょう。

### ③七五三を基準とする

中学受験界隈には、「**7校出願、5校受験、3校合格**を想定して受験校を決めるといい」、そんな通説があります。

①の4つの観点をもとに考えると、第一志望が1校、実力相応校が2校、安全校が2校、練習校が2校と想定し、この中から5校受験して3校合格、といったイメージです。

塾生の過去の受験パターンを振り返ってみると、合計6～8校を受験校として想定した生徒がほとんどで、内訳は1月に2校受験し、2月に5校受験というパターンがオーソドックスでした。

とはいえ、「結果的に何校受けたか」というのは合否に左右されるので、「七五三」をひとつの目安とした上で、お子さんに合った受験パターンを考えてみてくださいね。

Parents

## 親が先回りしてさまざまな事態やシチュエーションを想定しておこう！

# 38 中学受験で合格する子は超直前期はライトにサクサク、失敗する子はタイパの悪い振り返りをする。

受験当日まで残り1週間ともなると、親子共々気持ちが落ち着かなくなってくると思います。塾の世界に入って長い私でさえ、この時期は落ち着かない気持ちになります。

勉強時間もせいぜいあと十数時間〜数十時間と限られていますから、「何を勉強しよう？」と悩んだり、「あれもこれもやらなきゃ」とあたふたしてしまいがちです。

だからこそ、受験直前期、特に1週間前などの**超直前期には、限られた時間で確実に成果の得られる学習**に取り組みましょう。

本番まで残された時間がないということは、裏を返すと、すぐに本番がやってくるわけです。それはつまり、**この時期に触れておいた内容は本番まで忘れにくい**ということになります。だから、**ライトにサクサクできるものを総ざらい**して、知識を呼び覚ましておくことが重要です。

実際、頭ではそうとわかっていても、「算数の演習や国語の記述対策もやらなきゃ」「応用問題も一応やっておいた方がいいかな？」といった心配を拭い切れなかったりします。できている部分よりできていない部分に意識を持っていかれて、つい、ヘビーな学習に取り組みたくなってしまうのです。

しかし、算数の応用問題など、腰を据えてじっくり考えないと解けないような問題は、学習効率の観点はもちろん、「時間をかけたのに解けなかった」「今日は全然進まなかった」などということがあると自信や達成感を得づらいので、あまりオススメできません。

それに、残念ながらどれだけ時間をかけてひとつの難問を解けても、その問題はもちろん、その単元が本番で出題される確率は、決して高くはありません。**ライトにサクサクできるもので量をこなした方が**、試験当日に「あ、ここ直前にやったところだ！」となる可能性はむしろ高いでしょう。

そもそも、ソワソワするこの時期に「腰を据えてじっくり考える」こと自体が難しかったりするので、やはり**暗記系を中心に学習を進めていく**ことが効果的です。

この「暗記系」には、理科・社会や国語の漢字に限らず、算数の典型問題も含まれます。

取り組む際の心構えとしては、間違えてしまったり覚えられていなかったりしても、**「今間違えておいてよかった！」「思い出せてラッキー！」**くらいに思っておくことです。くれぐれも、「どうしてこんなことも覚えてないの！」「ちゃんと覚えなさい！」といった声かけをしないように気を付けてくださいね。本番で失点していたはずのものに直前期に触れられたのはラッキーなことなのです。本番で似たような問題が出たら、きっと解けるはずなので、全く気にする必要はありません。

このように、1月や2月の入試真っただ中の期間も含めた、直前期の勉強の基本は「ライトにサクサク」です。脳のエネルギーを無駄に消耗せず、疲労感も少ないので、体調管理にも気の抜けない直前期には、まさにうってつけの勉強法と言えます。

ただ、**通っている塾の先生に出された課題**があれば、多少ヘビーでも、ぜひそれを優先してください。これまで二人三脚で歩んできた、信頼できる先生からの課題は、きっと意味があってたどり着いたもののはずです。学習面での補強はもちろん、解くことで、精神的なお守り効果もあるでしょう。

また、本番が始まってからは、入試が終わった日に、**翌日以降の入試に備えてその日の問題を振り返る**のも、一定の効果があります。ここでもやはり、総ざらい系や確認系のライトにサクサクできる学習が有効です。

「あれもこれもやりたい」と不安や焦りが募る場合もあると思いますが、大丈夫です。これまでたくさんやってきたのですから、胸を張って、自信を持ちましょう。

直前期ならではの落ち着かない気持ちは、やることをきちんとやってきた人にこそ起きやすい感情です。つまり、**それだけ努力してきた証拠**なのです。合格をつかみ取れる位置までは来ている、しかし決してたやすい戦いではないこともわかっている、そんな感情のせめぎ合いがあるからこそ不安が訪れるわけです。ライトにサクサクできる学習で不安な気持ちを和らげつつも、もしお子さんがソワソワしていたら、「不安は努力の証だよ」とぜひ伝えてあげてくださいね。本人にとって、何より安心できる一言です。

Parents

**受験直前期はライトにサクサクできるもので、タイムパフォーマンスの高い学習を！**

# 39 中学受験で 合格する子は受験真っただ中でも前を見、失敗する子は後ろを見る。

長かった受験勉強もいよいよ試験本番。

勝負の時を迎えます。

中学受験、特に2月入試は試験日程が密集しています。午前・午後で2校受けるなんてケースも最近では珍しくありません。

そんな試験当日、うまいこと手ごたえがあったら、きっとお子さんは笑顔で帰ってくるでしょう。でも、もしうまくいかなかったら……?

試験に手ごたえがなければ、落ち込むのは当たり前です。ただしそこで止まってしまっては、合格が遠のくばかり。

一時的に落ち込んだとしても、しっかりと気持ちを奮い立たせ、**前を見て翌日以降の試験に反省を活かす気持ちで備えましょう。**

うまくいかなかった試験のことを即日深掘りしたら、余計子どものメンタルを傷つけそうと気が引けるかもしれませんが、しっかりと向き合って一緒に原因を突き止めた方が、結果的にいい精神状態を作ることにつながるものです。

ただし、ここでは叱らないようにしましょう。反省点は探りつつも、基本的には優しい言葉をかけて励ましてあげるのが大切です。そうすると、

「曖昧にしていたままの分野が出た」

「時間が足りなくて、最後までできなかった」

など、手ごたえを感じられなかった理由が何かしら出てくるはずです。

そうなれば、「すぐにその分野の復習を重点的に行う」「時間配分に気を付けながら問題を解くことを意識する」など、改善ポイントが浮き彫りになり、次の試験までに有意義な対策ができそうですよね。

さて、もうひとつ。

「言霊」という言葉をご存じでしょうか。

「古代日本で、言葉に宿っていると信じられていた不思議な力。また言葉に宿る霊の意」

です。少しスピリチュアルに聞こえるかもしれませんが、言葉の力は偉大です。

その昔、私自身が中学受験で灘中学を受けたときのエピソードです。

当時通っていたサピックスで「灘ツアー」と称して関東から関西に遠征し、皆で同じ宿に泊まって試験を受けに行きました。ところが試験前夜、楽しくてついつい夕飯を食べすぎた私は、夜中にお腹が痛い&寝られなくなるというアクシデントに見舞われてしまったのです。先生に相談し、夜中の2時くらいだったでしょうか、母親に電話をしました。

「寝られなくなっちゃったのね。でも大丈夫よ。寝られなくても受かるから」

そんな声かけをしてもらったと記憶しています。それで安心したのでしょう、その後すぐに眠ることができ、無事に合格を勝ち取ることができました。

子どもは単純で、そしてとても純粋です。ポジティブな言葉を、最も信頼している親から聞いたら、「本当にそうなる気がする！」と思い込んだりするものです。大事な局面ではポジティブな言葉を言い聞かせましょう。応援ソングと同じです。

「次は絶対うまくいくよ、大丈夫！」

「あなたなら必ずいい結果を出せるよ！」

このような声かけがあればきっと、親から離れて試験会場に入った後も、
「大丈夫だ！　ぼくは（私は）絶対できる！」
と自ら思うことができて、前向きに試験に挑めるでしょう。

また、このような自分自身を奮い立たせる**セルフカウンセリング**の力は、今後の人生を生きていく上でも必ず役に立ちます。

人間関係がうまくいかなかったり、仕事で失敗してしまったり……。受験に限らず、人生につまずきや失敗はつきものです。そんなときにクヨクヨし続けないで、気持ちを切り替えて前を向く力があれば、反省を活かし必ずいい未来をつかみ取ることができます。何事も、前向きに取り組むことが成功の秘訣ですね。

1月〜2月は、ふとしたことでネガティブな気持ちに陥りやすいもの。もし子どもがマイナスな言葉をひとつ言ったのなら、親はポジティブな言葉を三つ返すことを心がけましょう。

Parents

## 親は、子どもが前向きになれるような声かけを！

# 40 中学受験で 合格する子は練習校を本番にし、失敗する子は練習校で気軽に練習をする。

多くの受験生が、試験の雰囲気に慣れるため、本命校の前に練習校を受験します。一般的には、本命校よりもレベルを落とした学校を練習校として受験しますが、試験を受ける上で共通して大事なことは何でしょうか。

前日ちゃんと寝る、特別なことはしない……など、さまざまな答えが思い浮かびますが、特に大事なこととして**「どんな試験でも常に本気で取り組む」**というものが挙げられます。

「練習校なのに本気で取り組む必要があるの？　あくまで練習でしょ？」という考えがよぎったならば、それはとても危険な考え方です。

練習校を受験するときに本番さながらの気持ちで受けるのか、練習だと思って受けるのかでは、その練習の意義が変わります。

**練習校と本命校で違うのは問題だけ**です。

慣れない試験会場までの道のり、教室の独特の雰囲気、いつもと違う椅子や机、自分よりも頭が良さそうに見えるライバルたち……。

普段と違う景色や環境の中で試験を受けなければいけないといった面では、練習校も本命校も同じです。

合格する子は、練習校でも常に本番だと思って全力で受験します。

一方、失敗する子は、「今回は〝練習〟だから本気で頑張らなくてもいい」と考え、気楽に受験してしまいます。そして後日ある第一志望校の試験でガチガチに緊張してしまい、結局うまくいかなかった、などということがよくあります。

まだ純粋な子どもは「練習」と聞くと気が緩んでしまいがちですが、試験は常に全力で取り組むという意識を持ってもらう必要があります。

たくさんの生徒を見ていて思いますが、**練習校に全力で取り組めない子は、本命校にも**

**全力で取り組めない**傾向があります。

練習校で見直しをしない子は、きっと本番でも見直しができないまま試験を終えます。練習校でわからない問題をすぐにあきらめる子は、きっと本番でも頑張れずにあきらめてしまいます。**「練習でできないことは、本番でもできない」**という言葉の通りなのです。

お子さんが第一志望校の前に1校受けようが3校受けようが、**必ずすべての試験に全力で、本気で取り組んでもらいましょう。**

練習校のレベルが低くて安全圏だとしても同じです。その観点では「滑り止め」という表現は使わない方がいいでしょう。「今日は練習だから、気軽にね！」などといった声かけは絶対にNGです。

可能であれば、受験シーズンが始まってからではなくて、普段の模試や過去問演習の段階から、入試本番のように意識して取り組めると理想的ですね。

よく「自分は本番に強い」と発言する人がいますが、それはその人が特別な能力を持っているわけではありません。今まで本気で取り組んできた努力が積み重なった結果、本番でも動じることなく最高のパフォーマンスが発揮できるということです。

練習でできていないことは本番でもまずできません。本番でうまくいく人は、必ず練習にも本気で取り組んでいます。

これはスポーツも同じで、練習試合で失敗していた技が、本番で成功できる可能性は低いですよね。練習で成功していても本番で失敗することだってあるのです。ならば、せめてどんな試験にも全力で取り組む、これが合格する子の姿勢です。

受験勉強が終わった後にも、長い人生において「本番」の機会は数えきれないくらい待ち受けています。部活動の公式試合、就職活動の面接、会社の大事なプレゼン、結婚式のスピーチなど……。

受験においてすべての試験を全力でやり抜いた経験は自信になり、将来必ず役に立つ財産になることでしょう。

「準備や練習から本気でやったのだから、本番で臆することはない！」

お子さんにはぜひ、何事にも全力で向き合うことのできる人に成長してほしいですね。

Parents

## 親は、練習から全力で取り組むように声かけを！

# 41 中学受験で合格する子は安全校を効果的に活用し、失敗する子は不合格の連鎖に負ける。

第一志望校に合格する人は3分の1と言われる中学受験。誰もが第一志望校への合格を熱望しますが、現実的な話として併願校を上手に選択していくことは大切です。

第37項で、①第一志望校、②実力相応校、③安全校、④練習校という4つの軸で志望校の話をしました。この中で①〜③までは実際に通うことを視野に入れて選択する必要があります。今回は、つい雑に考えがちだけど、実は重要な③安全校について話します。

④練習校の役割が1月校受験に代表される「本番慣れ」だとすると、**③安全校の重要な役割として「リズムづくり」**が挙げられます。

**受験本番の時期に絶対避けたいのは、「不合格の連鎖」**です。

第一志望の学校については、チャレンジングな選択をしている子も多いので、失敗するリスクが高いのも当然です。ただ、頭ではわかってはいても、いざその失敗が現実になると心が乱れるものです。

そして気持ちを立て直せないまま進み、本来の力が発揮できずに、本来合格できるはずの学校にも連鎖的に不合格になってしまうことがあります。

たとえば入試日程が複数回ある学校が①第一志望で、1日の午前に受けた1回目の入試で不合格。合格できるだろうと思っていた②実力相応校の午後入試でもまさかの不合格になった。そして、2日にある①第一志望校の2回目の入試でも不合格。そこでメンタルが崩れ、3日、4日、5日と、不合格が連続……。こんな子が実際にいました。

また、そうした状況で心が折れて、もう受験をしたくないと言って途中で受験から逃げてしまった親子もいました。

先ほどのケースでは、1日に立て続けに二つの不合格を見たのが、かなりの精神的なダメージになっていたはずです。特に受かると思っていた午後入試の学校の不合格はこたえたでしょう。

でも、当日発表も多い今の中学受験では、これは十分に起こり得ることです。

こうした「合格するはずだった併願校が不合格」というような厳しい状況では、連続して第一志望校の受験にチャレンジしない作戦も考えてほしいのです。**いったん安全な受験プランで合格をつかむ方が、トータルの受験結果が良くなる**場合が多いからです。今回のケースで言えば2日の受験校を①第一志望校から③安全校に変えるということです。

貴重な第一志望校の受験日程を断念して安全策を取るのは、とても勇気が要ることです。子ども本人も第一志望を受験したがるかもしれません。

しかし、メンタルが万全ではない状態で第一志望に再チャレンジをしても、勝算は薄いもの。ここで、堅実に併願校の合格を取りにいくという冷静な判断ができると、ひとつ合格を挟んだことで気持ちが上向き、3日以降は連戦連勝、蓋を開けてみれば第一志望校〜第三志望校まで全部合格の大逆転！ などというケースもあるのです。

もちろん不合格が続いても、子どもの心は全く折れてはいなくて親だけが動転しているというケースもたびたび見かけます。そうした場合には、第一志望校に再チャレンジをしにいくのもいいでしょう。

この辺りの話は一人で悩まずに、ぜひ通っている塾の先生に相談に乗ってもらうようにしてくださいね。**塾の先生は作戦を立てるプロであるとともに気持ちを立て直すプロでもあります。**一時的な悔しさ、悲しさ、気まずさ、憤りといった感情は捨てて、ぜひ状況をタイムリーに共有してプロの手を借りてください。

状況が悪化したとき、たまに

「偏差値〇〇以下の学校には行く気がないから受けても無駄」

という発言を聞きます。多くの場合、これは本人ではなく親、私の経験上では特に父親が言いがちなセリフです。この思考は百害あって一利なしなので、捨て去りましょう。作戦を立て直してせっかく安全校の合格をつかんでも、その合格を卑下するようなことにもなりかねません。

偏差値やイメージだけを尺度にした短絡的な判断ではなく、先まで見通した作戦を。

頭脳戦で勝ちを取りにいきましょう！

Parents

## 安全校で勝ちのリズムをつかむ戦略的な判断を！

42

# 中学受験で
# 合格する子は入試当日もいつもと同じ朝を迎え、
# 失敗する子は特別なことばかりする。

毎年、合格を勝ち取った受験生に対して、「何か特別なことはしたのですか」とか「あなただけの特別な学習法をぜひ教えてください」といった質問が飛びます。

でも、これに対する当の受験生の返答は、「いや、特に変わったことはしていません。塾の先生に言われた通りにやりました」といった具合に、期待に反してやや素っ気ないものが多かったりします。

これは受験生が何か出し惜しみをしているわけでは当然ありません。私はこの言葉を言える子は、**入試本番に、平常心で臨むことができた**のだろうと感じます。

この「平常心」という言葉は、まさに「言うは易く行うは難し」です。

常日頃行っている行為を、プレッシャーが大きくのしかかる入試や模擬試験において、普段通りに実行するのは、並大抵なことではありません。頭の中が真っ白になってしまえば、それまで当たり前のようにできていたことができなくなるのは当然でしょう。

そもそも、平常心とはどのように身につけるものなのでしょうか。

## ①積み上げによる習慣化

決められた行動を日々継続して行うことで身につく「習慣」です。

たとえば、算数の問題を解くときは、必ず「問われているもの」に下線を引いて、問われていない内容を誤って答えないようにすると決めたとしましょう。そう決めたら、それは、テストの時だけでなく、普段の宿題など取り組むべきすべての問題において、実行することが大切です。

積み上げた経験からもたらされる習慣は、一朝一夕では身につかないまさに日々の努力の結晶であり、本番では大きな支えとなることでしょう。

## ②プレッシャーに勝つ自信

もうひとつは、自分自身が心の底から「自分はこれだけやったのだから、これでダメでも悔いはない」と思えるほどの確固たる「自信」です。

人間は、実に弱い生物で、いろいろな不安を抱えながら生きています。いわゆるプレッシャーのない生き方はできないはずなのです。

かのイチローが、「プレッシャーに打ち勝つ方法は、プレッシャーと正面から向き合うしかない」という旨の発言をしていたのを思い出します。そんなイチローでさえも、2009年WBCにおいて極度のスランプに陥ったのは、まだ記憶に残っている方も多いことでしょう。

なかなか好機にヒットを打てなかったイチローが、決勝戦で韓国と対戦したときに、土壇場で決勝タイムリーを打つわけですが、その打席においてもイチローは打席に入る前の一連の動作は全く変えず、かつそのタイムリーヒットは、彼が最も基本としているバッティングであるセンター返しでした。

受験当日は受験生本人だけではなく、ともすると親御さんも、心が動揺していつもとは明らかに異なる行動をとってしまうことがあります。

**平常心ではない親御さんの言動が、お子さんにも悪い影響を与えてしまい、一層平常心**

**を保てなくなる**という事例は決して珍しいものではありません。

また、直前期の勉強においても今まで強気な態度や言動をしてきた子が、不安に襲われて、普段しない行動をとることがあります。たとえばサボっていた日々の計算トレーニングに突如取り組み始めるとか。そしてミスを連発し、皮肉なことにさらに不安になる、みたいなことが起こります。

親が口うるさく何度も言っていたにもかかわらずやらなかったことを、今さらやり出すなんていうのは、明らかに平常心を失っている証拠で、浮き足立っている状態です。無理もありません。それは平常心を保つための「習慣」と「自信」をしっかりと構築してこなかったためです。

Parents

## 平常心で、送り出す！

特別なことは何も要りません。むしろ、特別なことはマイナスに働くだけです。

平常心を保つには、ある程度の訓練が必要です。「習慣」と「自信」はそう簡単には手に入らないものですから、今からしっかりと意識して平常心を身につけていきましょう。

# 43 中学受験で合格する子は笑顔で試験会場に入り、失敗する子はこわばった顔と体で会場に入る。

中学入試は1〜2月と、冬本番の時期に行われます。特に2月は、1年で最も寒い時期です。強風に吹かれたり、想定外の雪が降っていたり……。身体的にストレスを感じるのはもちろん、精神的重圧も加わって、お子さんは相当な負担を抱えます。

寒い中、試験会場に近づくにつれて、子どもも大人も、ついつい不安げな表情になってしまいますよね。

でも、そんなときこそぜひ、**大人は満面の笑顔で**いることを心がけてください。

大会などで優秀なスポーツ選手が、試合前に笑顔でいるシーンをよく見かけませんか？あれは、いい結果を出すためにプレー前の自分の気分を上げているのです。

一方、自信なさそうに下を向いて暗い顔をしている選手は、やはりプレー中に失敗したり、イマイチな結果になってしまったりします。まるで、笑顔がいい結果を運んできてくれるみたいですね。

「楽しいから笑うのではない、笑うから楽しいのだ」

アメリカを代表する哲学者かつ心理学者であるウィリアム・ジェームズの名言です。どんなときでも笑顔を作ると、自然と気分が明るくなるという意味が込められています。

笑顔を作ると身体にポジティブな効果があるという話には、科学的根拠もあります。まず、笑顔を作ると脳のドーパミン神経活動が活発になり、快い感情が引き起こされるという研究報告があります。また、笑顔を作ることで顔の筋肉が動き、緊張により固まっていた筋肉が緩くなることによるリラックス効果もあります。

**笑顔を作ることで脳が楽しい、幸福だと錯覚して、実際に気分が明るくなる**のです。

気になる相手とつり橋に行って緊張感をともに味わうと、そのドキドキを恋愛感情だと錯覚して自分を好きになってもらえるという、つり橋効果の話は有名ですよね。

笑顔でいることも、それと似ています。脳をうまく騙しているのです。

私自身、特に大学受験のときにはギリギリの戦いだったので精神的にはかなりハードでした。挫けそうになることも多々ありましたが、そんなときこそ笑顔。口角をグイッと上げ、ニヤニヤしながらハードな勉強をこなしたものです。周りは気持ち悪がってビビッていたかもしれませんね（笑）。

いずれにせよ笑顔でいることはポジティブなことしかありません。しかも、何も用意することなくその場ですぐに実行できるのです。

不安を感じるときにこそ笑顔を作るよう、日頃から子どもに伝えておくことが大切です。模試で思ったより点が取れず悲しくなったときでも笑顔、勉強以外で何か辛いことがあっても笑顔……。

そうやって何があっても笑顔を作ることを心がけておけば、もし試験本番に想定外の問題に当たってしまっても、笑って「そのパターンね（ニッコリ）」と前向きに問題に挑み、本来の力を発揮することができるでしょう。

また、寒さで表情がこわばらないようにするには、寒さを感じないことが一番なので、試験当日は「暑いかな!?」と思うくらいに**暖かい格好**をさせてあげてください。

手が冷えて鉛筆を握れなかったら調子が狂ってしまうので、手袋を忘れずに。耳に冷風が当たると乾燥してかゆくなってしまうかもしれないので、耳当てもあるといいですね。カイロに応援メッセージを書いて渡してあげるのも定番です。（ニッコリ(^^)マークも一緒に！）

あとはマフラー、長靴など必要に応じて用意してあげてください。防寒対策が足りず、体調が悪くなって実力を発揮できなかったらもったいないですから。試験当日に限らず、親御さんは常に環境に応じた対策を心がけてお子さんの体調を守ってあげてくださいね。

## Parents
## 笑顔は気持ちを高める特効薬！

万全の防寒対策をしたら、あとは親の笑顔があればバッチリです。親御さんが笑顔で明るい声かけをして、お子さんを自然と笑わせてあげてください。応援にかけつけた先生とも、笑顔で握手を交わしましょう。**笑顔の数だけ合格に近づきます**よ。

ぜひ満面の笑みで、元気に見送ってあげてくださいね。明るい気分で試験に挑んでもらいましょう！

# 第6章

# 5点アップの勉強術編

# 44 中学受験で 合格する子は式の過程を縦に書き、失敗する子は式の過程を横に書く。

算数の問題を解く上で、絶対になくしたいのがケアレスミスです。考え方は合っているのに途中で計算ミスをしていたせいで答えが間違ってしまった、というのは非常にもったいないですし、入試本番ではそれが命取りになるかもしれません。

ケアレスミスをなくすためにオススメするのが、**計算式をしっかりと書く**こと、そして「**計算式を縦に書いていく**」という方法です。

お子さんは算数の問題に取り組むとき、どのように途中式や答えに至るまでの考え方を書いているでしょうか？　答えだけを書くテストの場合は、途中式を書かない子も多いのではないかと思います。

でも、それがケアレスミスを生む原因となるのです。頭の中だけで計算をしていくと、どうしても途中で数字がごっちゃになってしまうもの。また、途中式を書いたとしてもそれが雑だとどのように考えて解いていたのか、どの式とどの式がつながるのか、わからなくなってしまうこともあります。だからこそ、答えだけが求められている問題だとしても自分の計算や考え方の過程を丁寧に、そして考えた順番通りに書いておきましょう。

学校によっては途中の計算の過程も含めて採点される形式もあります。このような形式では部分点も重要な加点ポイントです。答えが間違っていたとしても、途中式で得点がもらえることも決して珍しくありません。1点2点を泥臭く取りに行くために、計算式はしっかりと書くクセをつけましょう。

ただ、先ほども述べたように、闇雲に計算式を書けばいいというわけではありません。雑に計算式を書くことでケアレスミスを増やしてしまうリスクもあるからです。たとえば、計算の過程を横に書いていくと、転記する際に距離が遠くなり、誤記する可能性が高まります。

これを**縦に書いていけば**、真上にある数字・計算をそのまま書き下ろせばよく、目で追う距離が短くなるので**書き写す際のミスがグッと減ります。**

# 算　数

次の2枚の写真を見てください。

①

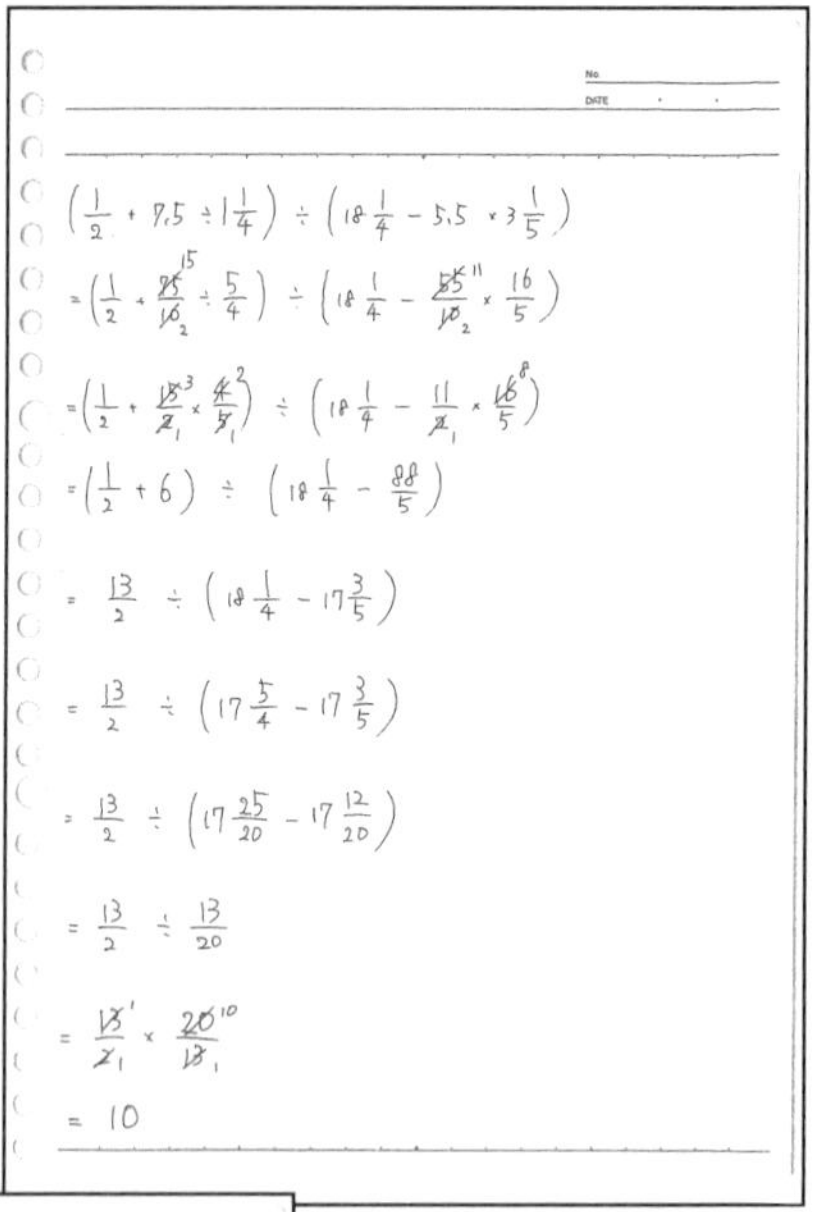

No.
DATE
$\left(\frac{1}{2}+7.5\div1\frac{1}{4}\right)\div\left(18\frac{1}{4}-5.5\times3\frac{1}{5}\right)$
$=\left(\frac{1}{2}+\frac{75}{10}\div\frac{5}{4}\right)\div\left(18\frac{1}{4}-\frac{55}{10}\times\frac{16}{5}\right)$
$=\left(\frac{1}{2}+\frac{15}{2}\times\frac{4}{5}\right)\div\left(18\frac{1}{4}-\frac{11}{2}\times\frac{16}{5}\right)$
$=\left(\frac{1}{2}+6\right)\div\left(18\frac{1}{4}-\frac{88}{5}\right)$
$=\frac{13}{2}\div\left(18\frac{1}{4}-17\frac{3}{5}\right)$
$=\frac{13}{2}\div\left(17\frac{5}{4}-17\frac{3}{5}\right)$
$=\frac{13}{2}\div\left(17\frac{25}{20}-17\frac{12}{20}\right)$
$=\frac{13}{2}\div\frac{13}{20}$
$=\frac{13}{2}\times\frac{20}{13}$
$=10$

②

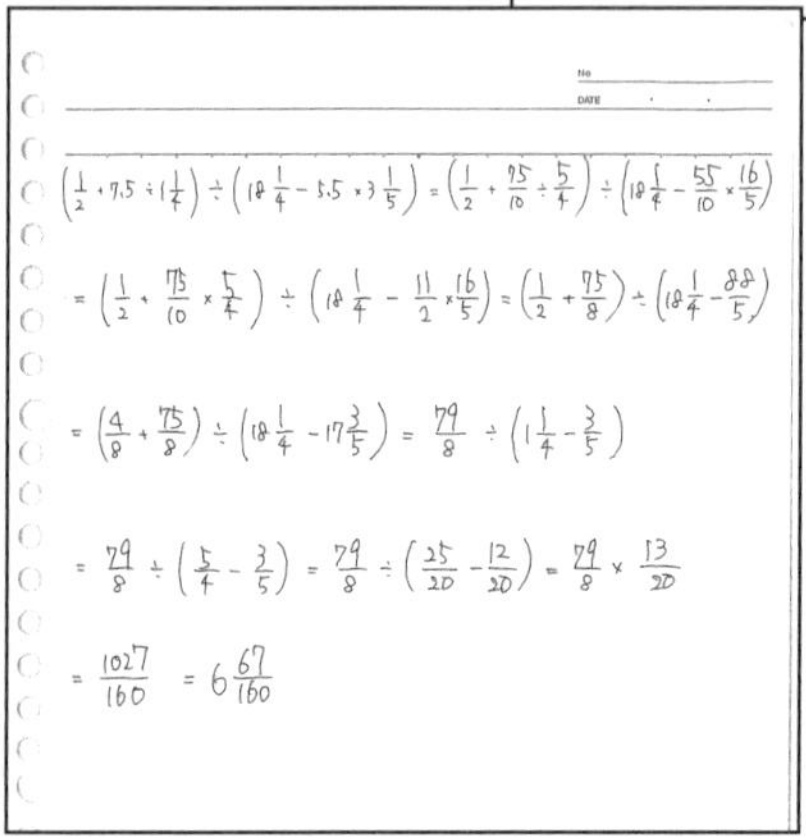

No.
DATE
$\left(\frac{1}{2}+7.5\div1\frac{1}{4}\right)\div\left(18\frac{1}{4}-5.5\times3\frac{1}{5}\right)=\left(\frac{1}{2}+\frac{75}{10}\div\frac{5}{4}\right)\div\left(18\frac{1}{4}-\frac{55}{10}\times\frac{16}{5}\right)$
$=\left(\frac{1}{2}+\frac{75}{10}\times\frac{5}{4}\right)\div\left(18\frac{1}{4}-\frac{11}{2}\times\frac{16}{5}\right)=\left(\frac{1}{2}+\frac{75}{8}\right)\div\left(18\frac{1}{4}-\frac{88}{5}\right)$
$=\left(\frac{4}{8}+\frac{75}{8}\right)\div\left(18\frac{1}{4}-17\frac{3}{5}\right)=\frac{79}{8}\div\left(1\frac{1}{4}-\frac{3}{5}\right)$
$=\frac{79}{8}\div\left(\frac{5}{4}-\frac{3}{5}\right)=\frac{79}{8}\div\left(\frac{25}{20}-\frac{12}{20}\right)=\frac{79}{8}\times\frac{13}{20}$
$=\frac{1027}{160}=6\frac{67}{160}$

①のように縦方向に計算を書き連ねていくことで、**どの計算の結果がどの数字になったのかが一目瞭然**です。**縦に書くと解答用紙がすっきり**とした印象になります。ケアレスミスを防ぐだけでなく、採点者にいい印象も与えられることでしょう。

計算の過程も採点に含まれる形式では、①のように**きちんと整理して式や考え方を書いていくのは、もう必須**だと思ってください。

ミスを減らして部分点も狙える、一石二鳥の方法です。

多くの人が選ぶ書き方にはしっかりした理由があります。算数でケアレスミスに悩まされている受験生は丁寧に計算の過程を書くこと、そしてその際には縦に書いていくことを意識してみてください。ほんの小さな一工夫が得点力をアップさせるのです。

Parents

## 読みやすく丁寧な計算を心がけ、ケアレスミスを防ごう！

# 45 中学受験で合格する子は方眼ノートを使い、失敗する子は罫線ノートでゆがんだ図を描く。

お子さんは学校の授業や家での勉強のとき、どんなノートを使っているでしょうか？受験を意識する学年になると、大抵のご家庭が勉強のためのテキストや学習内容を重視するようになります。でも、それと同じくらい学習ツールにも目を向けると、より合格に近づいていきます。

特に違いが出やすいのが、算数の勉強のときに使うノートです。

一般的なノートは縦と横のマス目がある方眼ノート、横の線だけ入っている罫線ノート、そしてまっさらな白紙の自由帳が挙げられますが、**こと算数においては方眼ノートを使うのがオススメ**です。

**① 図や表が描きやすくなる**

中学受験の算数では、線分図などに表しながら内容を整理していく問題が数多くあります。また文章題以外にも平面図形や立体図形もあるので、受験算数と図表の作成は切っても切り離せません。

ノートにこだわらず勉強していると、この図表を作る際の勉強の効率が落ちてしまいます。

たとえば罫線ノートだと、縦のラインを意識した図形が描きづらいですし、自由帳だとさらに、定規を使ってもサイズ感やバランスはどうしても崩れやすいです。大人でも「白紙に正確な正方形を描け」なんて言われたら難しく感じませんか？

そこで方眼ノートを使えば、縦線や横線はもちろんのこと、斜めの線や円なども、仮にフリーハンドでもキレイに描きやすくなり、理解が深まるというわけなのです。

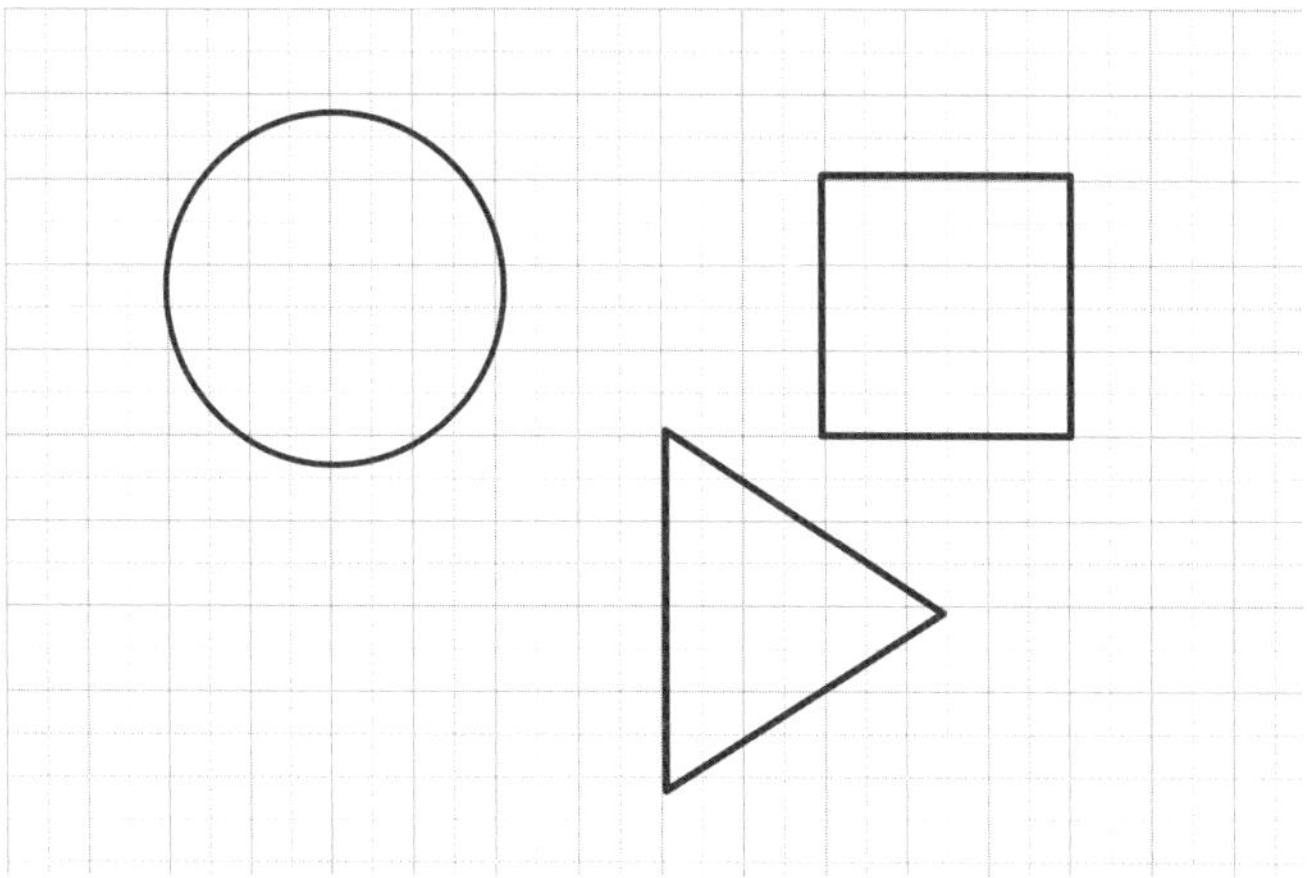

また受験生の大半は、いったん図を描いたらその図をもとに考えを広げていきがちなので、**間違った図形は、間違った答えにつながりやすくなる**と思ってください。

たとえば「縦の長さと横の長さが本当は同じなのに間違って縦を長く描いてしまった」としましょう。このような場合、子どもは図をベースに考えて「縦の長さが長いのだ」と思い込んでしまい、正しい答えでも疑ってかかったり、逆に間違った答えを正しいと見なしたりというミスを起こしてしまうのです。図形を正確に捉える能力を高めるという意味でも、方眼ノートを使っている方が成長につながるでしょう。

**②字や文がキレイになる**

これは算数だけでなく勉強全般、ひいては生活において役立つことです。方眼ノートにはマス目がありますので、1マスに1文字書いていくように、無意識のうちに考えさせられます。そのため全体の**文字の大きさのバランスが整ったり**、右上がり・右下がりにならず真っ直ぐに揃えられたりと、**読みやすい文章を書くことができるの**です。

罫線ノートでもこれらのメリットは得られますが、マス目がある方眼ノートと違って、どうしても文字のサイズが不揃いになってしまいがちです。そして自由帳だと、マス目にとらわれずに文字を書くことができる一方で、文字や文章をキレイに整えることは難しいでしょう。

以上の2点が方眼ノートにこだわるメリットになります。

ただし、これは方眼ノート以外を使ってはいけないということではありません。方眼ノートはマス目がある分、考えをひたすら発散したりメモしたりするとき（例：マインドマップなど）には向いていませんし、むしろそのときには自由帳などの方がとらわれずに使えて便利だとも言えます。

本当に大事なことは勉強道具を使い分けることです。ただ初めのうちはどれを使ったらいいか、お子さんも親御さんも手探りの状態かと思われますので、そのようなときは方眼ノートを使ってみるといいでしょう。

Parents

## 親はそれぞれのノートの特徴を活かして勉強するよう指導しよう！

# 46 中学受験で合格する子は添削を受けて改善し、失敗する子は自己判断で改善する。

多くの子どもが苦労するのが国語の記述問題です。

記述問題は高得点を取るためのポイントが多数ありますが、それを体得するためには場数を踏むのが重要です。問題を解く中で試行錯誤しながらポイントを身につけていくために必要だけれども非常に難しいのは、なるべく**正しい判断基準で記述問題を採点**すること。そのためには、模範解答や解説を見て冷静に要点を見極める必要がありますが、小学生が一人でやろうとするのは困難です。

極端な子は、模範解答を見て○か×かのどちらかで採点してしまったり、模範解答のどこがポイントなのかを考えずに自分の解答が100%合っていなければ×にして、模範解答をそのまま写してしまったりします。

そうすると自分の実力に自信が持てなくなり、記述問題に苦手意識を持って練習から遠ざかってしまう……という悪循環に陥りかねません。

この悪循環を断ち切るためにも、**記述問題は大人に客観的な視点から採点と添削をしてもらう**必要があります。できれば、塾の先生など専門の講師が望ましいですが、難しいときは、親御さんが見てあげるようにしてください。

実際に記述問題の採点をするときには、何個かのチェックポイントがあります。

**①内容が網羅できているか**

記述問題には、いくつかの書くべきポイントがあります。市販の問題集で、解説に書くべきポイントが記されている場合はしっかりと解説を読み、文章中のどこを重点的に書いていればいいのかを考えるようにしましょう。模範解答しか書かれていない場合には、その模範解答の要素を分解し、本文を確認しながら採点するようにしてください。

**②書き方は合っているか**

記述問題には定番の書き方や答え方があります。たとえば文末表現です。理由を聞かれたら「〜から。」、内容を聞かれたら「〜こと。」などの**テンプレートに沿って書けている**

**のか**を確認しましょう。また、解答用紙の使い方や字数制限、誤字脱字にも気を付けなければなりません。この辺りにミスがあれば注意力が不十分だということになります。

そして採点が終わったら、お子さんと一緒に解答と照らし合わせてみましょう。①において要素が欠けている場合、本文の重要箇所がわかっていない可能性があります。場合によっては、本文全体の理解が誤っている可能性があるので、そんなときにはもう一度文章を読むところからやり直さなければなりません。反対に、もし模範解答と文言が違ったとしても、ポイントが正しく拾えていれば大丈夫です。模範解答の表現は見習いつつ、解釈や注目すべきポイントが合っている部分には自信を持たせてあげてください。

書くべきポイントが理解できたら、答えをもう一度書かせてみましょう。模範解答とまるっきり同じにならなくてもいいのです。自分なりの表現を使いつつ、満点の解答を作れるよう、指導してみてください。

これら一連の作業は小学生が一人でやろうとすると非常に難しいし、危険なことです。特に記述問題が苦手な子がいきなりやるのは無理でしょう。だからこそ、最初は大人が添削という形で手伝ってあげる必要があります。

私が小6だった頃、国語が大きく足を引っ張る状態に苦しんだことがあります。そこで夏休みに、先生から追加で問題集を1冊やるように指示されました。その採点と添削は親が手伝ってくれました。結果として秋には成績も改善し、苦手意識もかなり払拭されたのを覚えています。国語における添削の重要性、さらには他教科と違い、国語では同じ問題（文章）を繰り返し学習するより、問題集を活用してでもたくさんの問題（文章）に触れた方がいいということを感じたものでした。

そのうちに解説を読むときのポイントや解き直しのやり方がわかってきたら、一人でもサイクルを回せるようになるはずです。書くべきポイントを意識しながら、少しずつ成長していきましょう。

Parents

## 親は可能な限り添削を手伝おう！

# 47 中学受験で合格する子は誤答の理由を言葉で説明でき、失敗する子は感覚で片付ける。

「何かよくわからないけど、それっぽい選択肢を選んだら合っていた」
「選んだ選択肢は合っていたが、正直なところ全然自信はなかった」
「解説を読んで正解の理由はわかったけど、他の選択肢はどこが間違っているんだろう」

試験の選択問題を解いたときにある「ラッキーな正解」の例です。でも、この裏には、当然ながらたくさんの「ラッキーが通用しなかった不正解」があるのです。

国語の問題には、ある特徴があります。それは同じ文章が出ない限りは、同じ問題が出ないというもの。つまり**過去問や対策問題を解いても、試験本番の問題に対する具体的な対策はできません。**

だからこそ国語は「個別の問題の対策・復習」ではなく、「**問題に対する向き合い方・**

**考え方を学ぶ**」ことが重要になってきます。たとえば過去問を解いていて傍線部の心情を問う4択問題が出た場合、その問題を解き直すことに全力を注ぐのではなく、どのように考えれば正解に至るかを学ぶことが大事なのです。

正しい選択肢を選ぶ確率を上げるには、冒頭に記した「**なんとなくの正解**（なんとなくの不正解）」**をできるだけなくす**ことが大切です。

失敗する子は選択問題を解いたのち、その理由を聞かれると「なんとなく」や「わからない」などと言いがちです。また、もし不正解だった場合には「AじゃないならBかも？いやC？」などと言うこともあります。

つまり、自分の選んだ答えに全く自信や根拠を持っていないのです。正解の選択肢と誤った選択肢の区別がはっきりついていないからこそ、このような事態になります。

そのときにオススメなのが、**誤答が誤答であることの理由を考える**という戦略です。

これは「正しくない選択肢を選びなさい」という問題では誰もがやっている方法です。

それと同じで、正しいものを選ぶ問題でも**誤答が誤答である理由を考え、消去法で考えれ**

**ばいい**のです。

実際の勉強では、以下のような手順を踏んでトレーニングすることをオススメします。

**① 丸付け・解き直しの際に、誤答だと考えた理由を聞く**

子どもは、直接答えと関係ない部分についてはあまり考えないものです。特に（たまたま）正解していたら見直しなどしません。

だからこそ、親御さんが問いかけて、誤答を選ばなかった理由を聞いてみましょう。

**② 誤答の根拠となる箇所を本文から探す**

①で理由を答えられなかったら、本文中からそれを探させてみましょう。

誤答になる選択肢としては、本文と論理的に**矛盾**しているものや、**余計**なことが書いてあるもの、ニュアンスは合っているが**言いすぎ**ているものなどがあります。それぞれの選択肢をしっかり読み、本文で似た記述がされている箇所と照らし合わせるようにしてください。そして、本文の記述と矛盾がないか、過剰な表現がないかなどをチェックしていきましょう。

### ③誤答の根拠を言語化する

②まで行えたら、さらに誤答となる理由を言葉で説明させてみてください。このプロセスを踏むことで、「なんとなく間違っていそうだから」を防ぐことができます。

まずは、①〜③のサイクルを丸付け時に行えるようにしてください。最初は親や先生など、第三者からの問いかけで進めるといいでしょう。

本人が慣れてきたら、今度は問題を解きながら、自分自身で頭の中でこの作業を行うように働きかけます。そうすれば、正しい選択肢と誤答の区別をはっきりさせ、正解を選ぶ確率を大幅に上げることができるはずです。

この考え方は国語の問題に限らず、他教科の選択問題でも使えるものです。きちんと正解の選択肢を選べるようにするため、**多少遠回りをしても誤答についても考えを及ぼす**クセをつけましょう。

Parents

## 選択問題では誤答が誤答である理由を考えさせよう！

# 48 中学受験で合格する子は時事ネタを起点に関心を広げ、失敗する子はネタの暗記で終わる。

理科や社会では時事問題が出題されることがあります。時事問題の対策をするためにはその年度のニュース・ネタを集めた専用の教材を読むのが一般的ですが、それだけで終わらせるのはもったいなく、また不十分であるとも言えます。

時事問題対策は、少し視点を広げるだけで何倍もの学習効果を発揮するのです。

たとえば、以下のような時事問題のネタがあったとします。

①新たに日本の〇〇島が世界自然遺産に登録された
②日本で皆既日食が見られた
③日本人がノーベル賞を受賞した

いわゆる時事問題の参考書に書かれているのはこれらのネタだけです。でも、実際の入試では問題の中で、これらの内容を応用させた形の出題がなされることも多いのです。先ほどの①～③であればどのようになるかというと……

①世界自然遺産について、環境問題とは？　地球温暖化とは？　外来種と在来種とは？

②日食について、日食・月食が起こる仕組みは？　天体について、地球と太陽・月・その他の惑星との関係は？　地球上からの見え方は？

③ノーベル賞について、何の研究で受賞したのか？　その研究は日常でどう活きているる？

パッと考えただけでも、これくらいの問題を作ることができます。

一般的な教科書に載っている知識問題から、それらを応用して考える問題まで、問題のレベルはさまざまです。また①の世界遺産の問題のように、理科と社会を融合させたような問題も増えています。

つまり、最近の中学入試では、「単なる知識にとどまらず、その**周辺にまで興味関心を持ち、思考する能力**」が求められる傾向にあるのです。以前から難関校ではそういった出題が珍しくありませんでしたが、この手の問題を出す中学校はレベルにかかわらず確実に増えています。

日頃から周囲に関心を持ち、思考する訓練をしておくことが理想ですが、時事問題の教材を買って「1年のまとめ」を把握し、そこから関連事項を深掘りしていくという効率のいい勉強方法もあります。

その場合には、ネタを読んで暗記して終わるのではなく、ぜひ周辺知識の確認まで行うようにしてください。①〜③の例のように、ひとつひとつの語句に関して「連想ゲーム」をする要領で、習った事項を思い出してみるのです。テキストでその単元のページをチェックすれば、いい復習にもなります。

また、思考力・応用力を試す問題の対策については、時事問題ネタに関連するニュースを読んでみるのがいいでしょう。たとえば2020年以降、新型コロナウイルスに関するニュースを見ない日はありませんでしたが、インターネットを使えば関連記事を一瞬で探すことができ、思考力タイプの問題に役立つ知識を手に入れることもできるでしょう。

時事問題を起点に勉強することは、**勉強と日常生活の接点を見出せる**という意味でも価値のある体験です。

自分が勉強したことで世の中の出来事が理解できる、それは勉強の大きなモチベーションになりますし、その後の勉強に対する捉え方もいい方向に変わることでしょう。ひょっとすると、進路や人生が変わるきっかけになるかもしれません。

Parents

## 親も一緒に時事問題のネタの関連知識まで確認しよう！

親にもできることはたくさんあります。日常会話やテレビのニュースの中で時事問題のネタになりそうな話題があれば、「〇〇ってどういうことだろうね？」と問いかけてあげてください。そしてわからなければ調べる習慣をつけさせてください。

最初は鬱陶しがられるかもしれませんが、答えられるようになればきっと大きな自信になるはずです。

# 49 中学受験で 合格する子は省エネして覚え、失敗する子は力技で覚える。

中学受験で試される知識の範囲は、小学校のテストとは比べものにならないレベルの広さです。志望校に合格するためには、膨大な量の知識を蓄えなくてはならず、実際に受験勉強を始めてから分厚いテキストや暗記表を前にして、こんなに覚えられないよ……と弱音を吐くお子さんもいることでしょう。

そんな覚えることだらけの中学受験においては、無理なく覚えるコツを知っていれば、合格の可能性がグッと上がります。もしお子さんが勉強に行き詰まっていたら、ぜひこれから紹介する方法を参考にしてみてくださいね。

たとえば「【894年】遣唐使を廃止する」という出来事を暗記するとします。お子さんはどのように覚えようとしますか？

「894年に遣唐使を廃止……　894年に遣唐使を廃止……　えーと、何年だっけ？」

覚えるコツを知らないと、単純に何度も繰り返して暗記しようとしがちです。これは、効率の悪い学習方法です。その場では「よーしこれで覚えられたぞ！」と思っても、あとになってなかなか思い出せないケースが多いのです。

一方で覚えるコツを知っている子は、

「894年に遣唐使を廃止……　白紙（894）に戻そう遣唐使！」

というフレーズを使って繰り返します。ただ単純に年号と出来事だけを繰り返すよりも、ゴロ合わせにした方が圧倒的に簡単に覚えられると思いませんか？　さらに第2章でお伝えしたように、イメージの力も活用すれば、より思い出しやすくなることでしょう。

このように、力技ではなくて**記憶に残りやすい方法で学習する**ことが膨大な量の知識を覚えるポイントです。

特に社会は、暗記勝負で対応できる問題が比較的多い教科です。各都道府県の名産品を答えさせる問題や、出来事を年号順に並び替える問題は頻出しています。

このような、覚えてさえいれば間違えずに解けるであろう問題は、1点を争う中学受験において確実に正解しておきたいものです。勉強する際はなるべくストレスを減らし、ゴロ合わせなどの記憶に残りやすい方法を使って省エネモードで覚えていきましょう。

また、**すでに知っていることに紐づけてまとめて覚える**方法もコツのひとつです。

たとえば地理で、中京工業地帯の出荷額の約3分の2は「機械」が占めているというデータがあります。これは愛知県豊田市で「トヨタ」の自動車工業が盛んなことが関係しています。トヨタはテレビなどでよく目にしますし、実際に車に乗ったことがあって知っているお子さんも多いでしょう。自動車のトヨタを知っているだけで、豊田市という愛知県の地名、愛知県周辺に中京工業地帯があること、その出荷額の3分の2が機械であることが関連付けて覚えられます。

少し違った視点の関連付けとしては、理科のまとめて覚えるフレーズや覚え歌は非常に役立ちます。「水金地火木土天海」や「水平リーベー僕の船…」といった全国共通で有名なフレーズもあれば、先生が独自で作った覚え歌もあります。

これらの何がすごいかというと、まずはたくさんのものを一気に覚えられること。そして非常に頭に残りやすいことです。昔習った昆虫や岩石の覚え歌は今でも思い出せます。入試本番のガチガチに緊張している中だと、普段は解けているはずのものが頭にうまく浮かんでこず、本領が発揮できない場合があります。でも、ゴロ合わせや覚え歌のように**ゲーム感覚で楽しく覚えたものは、呪文のようにパッと出てくる**ものです。

7１0（なんと）キレイな平城京

794（泣くよ）ウグイス平安京

など、親御さん自身も、何年経ってもラクに思い出せるものだと感じますよね。

覚えることが多いように見えても、ゴロ合わせをしたり関連付けたりと工夫すれば、案外楽しくスラスラと覚えられるもの。

お子さんにはぜひ、ラクに正確な知識を覚える術を身につけていってほしいですね！

Parents

## ゴロ合わせや関連付けといった省エネモードでラクに覚えさせよう！

# 終章

# これからに向けて

## 50 中学受験で 成功する子は頑張りを一生に活かし、 失敗する子は努力は報われないと絶望する。

中学受験という厳しいレースを戦い抜いて、見事に合格を手にした子どもたち。まずは本当にお疲れ様、そしておめでとう！　お母さんお父さんも本当にお疲れ様でした。

きっと今はいろいろな思いがありますよね。この本の最後に、ここでは少し悔しい思いを抱えている人たちに対して、大切な考え方をお伝えしたいと思います。

受験結果は時に残酷です。

どれだけ好成績を続けていた子でも、第一志望校に落ちてしまうことがあります。長い間受験勉強を頑張ってきたのに残念な結果に終わってしまったら、親子で落ち込むのは人間なので仕方のないことです。特に子どもは、初めて直面する失敗にうまく気持ちの切り替えができなかったり、なかなか前向きになれなかったりするものです。

でも、いつまでも不合格という結果にふさぎ込んでしまっていたら、今後の学校生活や人格にも悪影響が及びかねません。

もし第一志望校に落ちた場合、どう結果を捉えて、どう進学先について考えるといいのでしょうか。

まずは、親が変に落ち込まないこと。

不合格が一番悔しいのは、努力してきた本人です。仮に親が長期間落ち込み続けたり、感情的に怒っていたりすると、子どもは不合格という結果以上に、一緒に頑張ってきた親を悲しませてしまった……怒らせてしまった……というショックを受けることになります。今後、何か別のことにチャレンジする機会があっても、それを避ける、もしくは常に親の顔色をうかがうようになってしまうかもしれません。

お子さんの将来に悪影響が及ばないようにするためにも、**前向きに気持ちを切り替え、**ぜひお子さんと一緒に、進学先について調べてみてください。この授業は特徴的でおもしろそう、校舎がキレイ、制服がかっこいい、スポーツが強い……などなど進学先にいい点はたくさんあるはずです。

感情は伝染します。

親が笑顔で楽しそうにしていると、子どもも「こっちの学校も楽しそうでいいかも！」と前向きになってくるものです。

進学先が第一志望でなかった場合でも、親はその学校に進学することを全力で肯定し、喜ぶようにしてくださいね。

「置かれた場所で咲きなさい」というのはアメリカの神学者であるラインホルド・ニーバーの言葉です。お子さんにはぜひ、**与えられた環境を活かせるかどうかは自分にかかっているという**考えを持ってほしいと思います。

また、試験の「結果」は残念だったとしても、**長い間頑張ったという「経験」は、将来必ず役に立ちます。**

中学受験で今後の人生がすべて決まるわけではありません。むしろ長い人生で見ると、ほぼスタート地点での挑戦だったと言えるでしょう。大学受験、就職活動や資格の勉強など、これからぶつかる壁は数えきれないくらいあります。

そんな大きな挑戦をするときに「自分はあのときあんなに頑張れたんだから、今回も頑張れる」「努力を続けられる力が自分にはある」そう思えることで、壁に立ち向かうエネルギーも姿勢も変わってきます。

結果がどうであれ、**受験勉強を頑張った子どもは全員、自分は中学受験を乗り越えたんだという経験に自信を持っていいい**んです。たとえ不合格をもらったとしても、その不合格にはきっと何か意味があるんだと前向きに捉え、進学先で頑張ることが何よりも大切です。そうすれば悔しい経験もバネになります。

私が塾を立ち上げたばかりの頃、サピックス時代の恩師が食事に誘ってくださり、その席でこんなことを言っていたことがありました。

「俺はな、30年以上中学受験生たちを見てきて、ひとつ確信していることがある。ご縁のあった学校こそが、その子にとって一番の学校である」と。

この話を聞いた当時は、「全員を合格させられない」という不都合な現実を正当化しているだけではないかと、生意気にも思ったものです。

しかし今は、自分自身が指導者としての経験を積み、生徒の合格後の事例をたくさん見るようになり、恩師の言葉は正しかったと感じています。

その上で、恩師の言葉を少しだけ訂正するならば、「一番の学校である」ではなく、「**一番の学校にする**」でしょうか。


**不合格は失敗ではありません。**

どんな結果であれ、前向きな気持ちで中学生活に向けて準備をし、自らの手で明るい未来を切り拓いてほしいと思います。


最後に、中学以降の親の心構えを少しだけ。

中ーの最初の定期試験までは中学受験の延長的な部分があるのでしっかりとサポートしてあげてほしいですが（このことについては機会があれば詳しく書きます）、それ以降は手を離していきましょう。

中学に入れば、子どもはあっという間に成長していきます。思春期を経て、大人への階段を上っていく。その過程で親離れをしていきます。おそらく憎たらしいことを言うときもあるでしょう。

でも、それは仕方のないこと。子どもの健やかな成長のためには、親も子離れが必要です。越えてはいけない一線を越えたときだけは厳格に叱っても、あとは温かい目で見守ってあげるのが吉だと思います。

大丈夫。中学受験を戦い抜いた子どもは強いものです。少し肩の荷を下ろして、中学受験生の親として戦った自分自身をぜひ労ってあげてくださいね。

なお、この終章だけは、「中学受験で合格する子」と「失敗する子」の対比ではなく、「中学受験で成功する子」と「失敗する子」の対比にしました。

中学受験の経験で自分に自信を持ち、明るい未来に活かせる子は皆、「成功」なんです。

Parents

## 子どもが自らの手で明るい未来を切り拓く過程を、親は温かい目で見守ろう！

# おわりに

私が教育業界に足を踏み入れたのは19歳の頃。自らの出身塾でもあるサピックス小学部での、アルバイトの算数講師としてのスタートでした。

東京大学の学生だった当時の私は、「自分が得意だった算数ならきっとうまく教えられるだろう」「最難関コースのどんなに難しい問題でもわかりやすく解説してみせる」というような、きわめて安直な考えでいたものです。

しかし、最初に担当を任されたのは能力別コース編成で、一番下のコース。かつてお世話になった恩師にこのように言われます。

「繁田、お前はまず、こういう世界があることも知っておけ」

ある程度想像はしていたものの、実際に担当してみると、それはそれは大変でした。子どもたちはみんな屈託のない笑顔でこちらを見てきます。でも、授業の解説やテストになると、どこかに自信のなさが見え隠れしている様子も伝わってきます。中にはそんな現状を自虐的に受け止めたり、開き直ったりしている子もいました。

それ以来、子どもたちの才能をどうやったら開花させられるか、どうやったら勉強が「できる！」という感覚を味わってもらえるか、そんなことを真剣に考えるようになりました。教育に強い興味を持った瞬間です。気付いたら2年目には週5で働いていました。そのときのやりがいが、後に自ら塾を立ち上げる原体験となっています。

さて、自ら塾を立ち上げると、サピックス時代に比べて保護者と接する機会が圧倒的に増えました。そしていろいろな保護者の方と接すれば接するほど、保護者の考え方が子どもの学力や姿勢、さらには合否に大きく影響していると感じるようになります。少しおこがましい言い方にはなりますが、保護者に正しい知識を持ってもらうことが、子どもたちの持てる力を引き出すには大切なことであると思うようになったのです。

以来、子どもと保護者の両方へのアプローチが大切と心得て、ここまでやってきました。子どもたちに対してはひとりひとりに寄り添いながら対話型の授業を実施して自分の「できる！」に気付かせ、やる気を引き出し、保護者に対しては著書や講演活動などで啓蒙を図ってきたつもりです。

4年前からはメールマガジンも定期的に執筆し、最近ではYouTubeやInstagramなどのSNSでも情報を発信しています。そこで交流する保護者の皆さんからいただいた質問も、実はいくつか本書のテーマにもなっています。プロフィールにリンク先が示してありますので、よかったらぜひ登録してみてください。

私には夢があります。日本の子どもたちの自己肯定感を爆上げすることです。

日本人は欧米諸国の人たちに比べて圧倒的に自己肯定感が低い現状があります。先進国（G7）の中で、15～34歳の年代での死因の1位が自殺なのは日本だけなんです。そんな現状は絶対に変えなくてはいけない。

そのためには若いうちにたくさん失敗もしながら成功体験を積み、正しく承認されて育つという教育環境が必要です。我々教育業界としてもできることにはいろいろとチャレンジしていきますが、やっぱり、お母さん、お父さんの力が必要なんです。

本書の内容をすべて実践する必要はありません。

まずは何かひとつでもいいので実践していただき、それが役に立ち、親子の幸せな中学受験に貢献できたならば、著者としてこれほど嬉しいことはありません。

本書の執筆にあたり、明日香出版社の藤田知子さんには本当にお世話になりました。そういえばこの本の企画のきっかけもＳＮＳからでしたね。小学生のお子さんがいるまさに当事者である藤田さんの想いが、この本を完成に導いてくれたと感謝しています。

そして、いつも私とともに頑張ってくれている塾の社員のみんな、講師のみんな。皆さんのおかげでテスティーの今があります。本当にありがとう。これからも力を合わせ、最高の教育サービスを追求して頑張ろう。新たな学びと良質なコミュニティを創造して、世の中に幸せの連鎖を創っていきましょう。

結びに、私を育ててくれた両親への感謝の想いを。あなたたちの素晴らしい教育のおかげで私は自己肯定感が高く、たくさんの素晴らしい仲間に囲まれてここまで楽しく生きてこられました。教育の力を信じて、これからも自分の使命を果たしていこうと思います。どうか長生きして、その過程を見守ってね。本当に、本当にありがとう。

２０２３年2月

繁田　和貴

[著者]

**繁田和貴**（はんだ・かずたか）

個別指導塾テスティー塾長
「スタディサプリ」小学算数講師

開成中・高、東京大学経済学部卒。

小学生時代はSAPIXで3年連続1位の成績を獲得し、開成、筑駒、灘、慶應中等部に合格。開成時代は独自の超短期集中型勉強法で学年トップの成績を取るも、ヤンチャな遊びが高じて退学寸前に。学年一の有名人となる。

東大進学後に目標を見失い、スロットにはまって3回留年。回り道をした反省から2006年、個別指導塾TESTEA(テスティー)を創業。TESTEAの由来はTESTでE判定からA判定。可能性を信じどんな子どもでも受け入れる、大手塾ではできないオーダーメイドの指導を展開。自身の勉強法から編み出したメソッドをベースに、暗記や理解が苦手だった子を次々に開眼させ、自己肯定感を高めている。

累計3800人以上を指導し、御三家をはじめとする難関校に多数の逆転合格者を輩出。経験に裏打ちされた高い指導力と温かみあふれる人間的魅力で、生徒・保護者から厚い信頼を得ている通称「開成番長」。

コロナ禍をきっかけにオンライン指導にも注力しており、著書・メディア出演も多数。リクルート「スタディサプリ」で算数講師も務めている。

■個別指導塾テスティー　https://testea.net/
　久我山・西永福・下高井戸・駒込・自由が丘・日吉の教室と、Zoomによるオンライン個別指導

[YouTube] @testea
[Instagram] @handa_chugakujuken
[Twitter] @kaiseibancho
[中学受験メルマガ]

**中学受験で「合格する子」と「失敗する子」の習慣**

2023年　3月　19日　初版発行
2023年　4月　18日　第5刷発行

著　　者　繁田和貴
発 行 者　石野栄一
発 行 所　明日香出版社
〒112-0005　東京都文京区水道2-11-5
電話　03-5395-7650（代表）
https://www.asuka-g.co.jp

印刷・製本　美研プリンティング株式会社

　ISBN 978-4-7569-2262-5